캐빈 폰 인사이드

Cabin
Porn
Inside

스콧 뉴커크에게
감사를 전하며

CABIN PORN: INSIDE
by Zach Klein

Cover Credit: Edited by Zach Klein
Interior Credit:
Edited by Zach Klein
Feature Stories by Freda Moon
Layout & Design Matt Cassity

Cabin Porn
Inside

캐빈 폰 인사이드

내 손으로 만든 아늑한 작은 공간

기획	글	디자인	번역
자크 클라인	프리다 문	맷 캐시티	강경이

판미동

이 책에는 세계 곳곳의
집이 담겨 있습니다.
한 곳 한 곳 모두 따뜻하고
소박하며 아름답죠.
바로 여러분과 같은 '캐빈 폰'
독자가 만들어 낸 장소들입니다.

"건물에 생명을 불어넣고 싶은 바람은
아이를 바라는 마음만큼이나 근본적인 본능이다.
간단히 말해 자연의 일부를 만들고 싶은 바람,
산과 시내, 떨어지는 눈과 비, 돌과 흙으로
만들어진 세상을 우리가 만든 무언가로,
즉 자연의 일부이자 우리를 둘러싼 환경에 속한
무언가로 완성하고 싶은 바람이다."

— 크리스토퍼 알렉산더, 『영원의 건축』

공동체 속에서

12년 전, 나는 블로그에 작은 통나무집 이야기를 모으기 시작했다. 돈을 모아 매입하려는 땅의 사진들, 짓고 싶은 작은 나무집의 밑그림과 그런 공간을 완성할 수 있도록 도운 친구들의 이야기들…….

블로그에 모인 이야기들은 처음에는 우리 가족이 뉴욕주 북부에 캠프를 짓는 일에 영감을 주었다. 우리가 '비버 브룩'이라 부르는 그 캠프를 짓는 동안, 나는 내 삶에서 최고의 시간을 보냈다. 그곳에서 보내는 하루하루가 그랬다. 멋진 소나무 숲에서 가족과 친구들과 함께 우리를 품어 줄 공간들을 지었고, 진이 빠질 때까지 일하다가 개울물에 뛰어들었다.

내가 아는 한 가장 충만한 경험이었고, 그 이야기를 다른 누군가에게 들려주는 일은 지금도 여전히 내게 큰 기쁨을 안겨 준다.

비버 브룩에서 보낸 충만한 시간들과 내게 영감을 준 나무집 이야기들은 예상치 못한 기회로 나를 이끌었다. 바로 캐빈 폰 공동체가 공유한 2만 개가 넘는 사례들 가운데, 가장 사랑받은 이야기들을 담은 책을 출간하게 된 것이다. 2015년에 첫 책이 나왔고, 일곱 개의 언어로 번역되어 세계 곳곳의 사람들에게 자기만의 집을 만들 수 있는 용기를 주었다. 그렇게 해서 지어진 집 가운데 몇 채를 이번 책에 싣게 되어서 무척 뿌듯하다.

첫 책이 이처럼 흥미를 불러일으킨 것을 보면 주변 환경과 조화를 이루는 소박한 집을 짓고 싶은 바람이 누구에게나 있다는 것을 알 수 있다.

첫 책은 통나무집의 외부를 보여 주는 것에 집중했기 때문에 대개 아름다운 자연환경에 둘러싸인 작은 집의 외관을 보여 주었다. 많은 독자들은 당연히 이런 궁금증을 품었을 것이다.

"그렇다면 통나무집의 안은 어떤 모습일까?"

나는 이들 집 가운데 많은 곳을 다시 찾아갔고 그 내부를 들여다보았다.

두 번째 책 『캐빈 폰 인사이드』는 작은 나무집을 짓는 사람에게든, 쓸 만한 공간, 그러니까 우리를 매혹시킬 기발하면서 따뜻하고 소박한 공간을 창조하려는 사람에게든, 그 누구에게든 참고가 될 것이다. 이 책을 통해 독자는 작은 나무집을 짓는 수많은 사례를 만나게 된다. 작은 집을 즐겁고 효율적인 주거 공간으로 만들어 주는 세부적인 아이디어도 만나게 될 것이고, 집을 짓거나 꾸미는 과정에서 실수와 수정을 거치며 배워 가는 과정도 보게 될 것이다. 무엇보다 함께 집을 지은 사람들이 그곳에서 무척 아름답고 기억에 남을 만한 저녁을 보냈다는 이야기에 마음이 움직일 것이다.

이런 마음을 담아, 나는 이 사랑의 노동에 힘을 실어 준 캐빈 폰 독자들에게, 직접 지은 자신의 통나무집 이야기를 공유해 준 이들에게 감사를 전한다. 독자 여러분 덕택에 나를 비롯한 많은 사람이 어딘가에 조용한 공간을 만들 수 있을 거라는 용기를 얻을 수 있었다.

— 자크 클라인

비버 브룩에서 원목 골조로
건축 중인 포치.

자크 클라인과 그의 가족, 그리고
친구들은 겨울철 땔감을 준비하기 위해
해마다 한 번씩 모여 긴 주말을 보낸다.
Photograph by 웨슬리 베어호브

숲속의 통나무집
Cornish Cabin

Contributed by 리처드 스튜어트
Photographs by 리처드 스튜어트, 알리스터 솝

영국 본토의 최남단 콘월의 리자드 반도에 있는 해안은
눈부신 초원과 숲이 바다의 가장자리까지 펼쳐지는
곳이다. 사진가 리처드 스튜어트의 눈에 이곳은 가정을
꾸리기에 이상적인 장소로 보였다.

잉글랜드 북부에서 태어난 리처드는 어린 시절
회사원인 아버지를 따라 끊임없이 이사를 다녔다. "저희
부부는 자연과 가까이에서 아이들을 키우고 싶었어요."
리처드는 말한다. "사람들이 알고 지내며, 이름도 서로
아는 작은 공동체에서요." 서핑을 즐기는 리처드에게는
리자드 반도의 깨끗하고 파란 바다 역시 나쁘지 않았다.

리처드와 그의 아내 애나가 리자드 반도의 초원에 땅
7에이커를 샀을 때만 해도 집을 지을 계획은 아니었다.
리처드와 애나는 함께 일을 하다가 만난 야생동물 영화
제작자들이었고, 여행과 모험을 함께 나누는 동료였다.
그들은 평범하지 않은 주거 환경에서도 편안하게 지낼 수
있는 사람들이었다. 그래서 그들은 빅토리아 시대의
객차를 한 칸 샀다. 화려하게 장식된 나무 객차였는데,
리처드가 나중에 알게 된 바에 따르면, 같은 종류의 객차
중에서는 가장 오래된 것이었다. 두 사람은 초원의
끄트머리에 객차를 갖다 놓고, 그곳에서 세 딸을 낳았다.
릴라와 스카이, 그리고 릴케였다.

서쪽을 향한 커다란 창으로 햇볕이 들어와 열 저장체(thermal mass, 돌이나 나무처럼 밀도가 높은 물체의 온도가 천천히 변화하는 특성을 활용해 열을 저장했다가 온도가 낮을 때 천천히 내보내도록 하는 것) 구실을 하는 원목 내벽을 덥힌다. 녹색 지붕은 여름과 겨울에 단열 효과를 낸다.

(좌) 이 객차는 1865년 빅토리아 시대 나무 객차의 복원물이다. 통나무집을 짓기 전에 1년 동안 이곳에서 생활한 덕택에 초원의 자연과 빛의 움직임을 관찰할 수 있었다.

(우) 콘월의 겨울 동안 주철 화목난로가 통나무집을 덥힌다.

　고전적인 황동과 나무 부품들로 만든 객차는 소박하면서도
화려했는데, 부품을 교체하려면 돈이 많이 들었다.
잉글랜드의 매혹적인 외딴곳에 자리한 아름다운 집이었고,
리처드와 애나는 그곳에 살 수 있어서 행운이라고 생각했다.
　리처드가 표현한 것처럼 콘월은 매혹적이면서 도전적인 곳이다.
수백만 달러를 호가하는 별장들이 있고, 토지 사용법 때문에 한
가족을 위한 주택 건축을 새로 허가받는 것이 불가능에 가까웠다.
성수기에는 이 지역의 작은 마을들이 여행객과 피서객으로 넘쳐나
겨울에 비해 인구가 10배까지 많아진다.
　2011년, 할리우드의 한 영화감독이 객차의 사진을 보고 매입을
문의했다. 감독은 시나리오 작업실로 객차를 쓰고 싶어 했다.
　부부는 결국 자신들에게 더 큰 집이 필요할 것이라는 사실을 알고
있었기 때문에 객차를 팔기로 결정했다.

그리고 나서 리처드는 콘월의 법에서 주택 건축 허가를 받아낼 만한 구멍을 찾아냈고, 스웨덴의 건축가 호칸 스트로트스에게 연락했다. 그는 우르나투르(URNATUR) 생태 숙소 전문가로 잘 알려진 사람이었다. 리처드는 호칸이 스웨덴 숲속의 이끼 낀 바위 위에 지은 통나무집 '은신처'에 깊은 인상을 받았다. 그는 콘월에 그와 비슷한 집을 짓고 싶었다.

호칸은 리처드의 땅을 직접 보기 위해 잉글랜드로 왔다. 2012년 여름, 호칸은 그곳에서 며칠을 보내며 리처드와 애나에게 건축 계획에 관해 조언했고, 부부가 사유지 주변에서 자재를 조달할 수 있게 도왔다. 그해 가을, 부부는 집짓기 프로젝트에 열광하는 둘째 딸을 휴학시켰고, 가족은 거의 1년에 걸쳐 집짓기에 몰두했다.

건축 공사를 시작할 때가 되자, 호칸과 그의 친구가 스웨덴에서 돌아와 콘월에서 한 달 동안 집짓기를 도왔다. 호칸은 벌목을 도왔고, 스웨덴의 전통 목공 기술도 가르쳐 주었다. 아이들은 열성적인 주인이 되어 손님들을 대접했다. 커피에 달콤한 빵을 곁들여 먹는 스웨덴식 피카를 대접하기 위해 공부를 하다가 휴식 시간을 갖는 걸 좋아했다.

리처드와 애나는 콘월의 자연환경에서 나온 재료로 콘월의 풍경을 닮은 집을 짓고 싶었다. 리처드는 헬포드강 옆에 자리한 집터가 '무척 특별한 위치'라고 생각했다. 잉글랜드에서는 보기 드물게 숲이 해안 바로 앞까지 펼쳐지는 곳이었다.

호칸의 도움으로 가족은 가까운 골짜기에 있는 나무를 한 그루 베었고, 어떻게 다듬으면 좋을지 궁리했다. 그 뒤 리처드 가족은 숲에서 또 다른 48그루의 나무를 세심하게 골라 이틀에 걸쳐 베고, 트랙터로 초원까지 끌고 와 말리고 다듬었다.(그래서 가족의 통나무집은 48그루 중에서 가장 짧은 나무와 길이가 같다.)

(우상) 주요 생활 공간 위에 놓인
침상, 특색 있는 지붕 구조, 둥근
마룻대.

(우하) 배에서 구해와 노란
페인트를 칠해 재활용한
계단이다. 생활 공간과 수면
공간을 연결한다.

(좌) 통나무 내벽과 화목 난로가
있는 주방.

(좌) 통나무집 본채와 숲 가장자리에 아늑하게 위치한 다용도 건물과 욕실을 연결하는 통로. 유리창으로 된 출입구와 일직선으로 놓여 있어서 본채 가운데서도 숲의 풍경을 볼 수 있다.

(우) 샤워실에서 보이는 풍경. 집을 짓는 동안 리처드와 아이들은 숲속 나무에 호스를 매달고 그 밑에서 씻는 것을 좋아했다. 그 경험에서 영감을 얻어 욕실을 설계했다. 물은 바닥을 통과한 다음 보이지 않는 스테인리스 장치를 거쳐 배수된다. 밤에는 창밖 숲속의 빈터에 줄 전구를 밝힌다. 전구 불빛이 창에 반사되는 덕택에 밖에서 보일 걱정 없이 숲에서 샤워하는 기쁨을 만끽할 수 있다.

리처드 가족은 근처 해안에서 화강암 바위 16개를 모아와서 집의 기초로 놓았다. 잘 썩지 않는 자작나무 껍질이 이음매를 표시해 둔 통나무들을 위한 깔개가 되었다. 가족은 윈치와 지레, 도르래를 이용해서 통나무를 자리에 맞게 옮겼다. 통나무들 사이의 간격을 메우는 마룻대를 올리기 위해서는 기중기가 필요했다.

통나무 하나하나에 양모를 채웠고, 릴라와 스카이가 목공 받침대에서 만든 커다란 못으로 고정했다. 지붕에는 초원에서 파낸 뗏장을 덮었다.

통나무집을 짓는 동안 애나와 딸들은 인근에 집을 빌려서 잠을 잤다. 리처드는 마무리되지 않은 집에서 야영을 했다. 아직 창이나 문이 달리지 않은 상태였다. 리처드 가족이 키우는 고양이와 부엉이 두 마리, 그리고 아래층에 사는 여우 한 마리가 함께 밤을 보냈다. 자연과 연결되는 느낌이야말로 그가 통나무집에 불어넣고 싶은 것이었다. 그는 언제나, 끊임없이, 사람을 바깥으로 불러내는 집을 만들고 싶었다. 옥외변소 대신에 수세식 화장실을 집 안에 지었다. 숲속에 욕실을 지은 뒤엔 본채와 연결했다.

나무집을 짓는 과정은 리처드 가족에게 대단히 근사한 경험이었다. 그들이 만든 나무집에는 노치(notch, 통나무가 서로 교차하는 부분을 결합시키기 위해 새긴 홈)가 통나무의 한쪽 끝에서 다른 쪽 끝까지 이어진다. "스웨덴 전통에서는 이런 노치에 나무 정령들을 위한 작은 부적이나 선물을 놓아두지요." 리처드는 설명한다. "정령의 축복을 비는 온갖 종류의 물건들이 벽 속에 들어갔답니다." 마치 '타임머신' 같았다고 그는 표현한다.

집을 완성한 뒤 리처드와 애나는 그곳을 오가며 몇 년을 살았고, 2014년에 집을 팔기로 결정했다. 집을 시장에 내놓은 뒤 리처드는 한 달 동안 서핑 여행을 떠났다. 돌아왔을 땐, 구매 문의에 파묻힐 지경이었다. 현금 구매 제안이 수없이 많았다. 그러나 더 기분 좋은 일은 그가 통나무집을 짓기 위해 호칸에게 도움을 청했던 것처럼 세계 곳곳의 사람들이 집을 짓기 위해 그에게 손을 내밀었다는 것이다.

서쪽으로 향한 밤의 오두막. 초원에 판자를 깔아 만든 길이 현관으로 이어지고, 줄 전구가 숲의 빈터를 밝힌다.

뻐꾸기 둥지
노르웨이 예르스타드

Contributed by 옌스, 오세 트뤼달

'뻐꾸기 둥지'는 어린 시절 흔히 하는, 나무 위에 집을 짓는 공상에서 나왔다. 옌스와 오세 트뤼달은 2016년 노르웨이 남부에서 목수와 함께 넉 달을 일하며 20피트 높이 나무 위에 방 두 개짜리 집을 지었다. 지역에서 나는 목재로 만들었고, 전기는 태양광으로 공급한다. 냉장고와 요리용 레인지, 온수 시설이 있는 완벽한 주방을 갖추고 있다.

맞춤형 통나무집
호주 브리즈번

Contributed by 스카이 켈리

스카이 켈리는 상처를 치유하는
한 가지 방법으로 자신이 살 집을
손수 지었다. 그녀는 집을 짓는
과정에서 카타르시스를 경험했다.
돈이 그리 넉넉하지 않았고,
공식적인 건축 교육을 받은 적도
없었지만, 유튜브 동영상을 보고,
인터넷을 검색하고, 아버지의
도움을 받으면서 창의성을 발휘할
수 있었다. 켈리는 무너진 건물을
뒤지며 자재를 찾아다녔다. 글래스
하우스 산맥의 100년 된 농가에서

베란다 널빤지를 들고 왔고,
넌다주립대학교에서 여닫이문을
가져왔다. 페인트칠할 때 쓰는 고물
받침대로 부엌 벤치를 조립했다.
켈리는 두 번째 집도 지었고,
'채플'이라 이름을 붙였다. 그곳은
공방이자 창조 활동을 위한
공간이었다. 켈리의 통나무집은
가족 캠핑과 영화 감상, 사진
촬영을 위해 사랑받는 장소가
되었다.

바이킹 해변의 작은 별장

프랑스 페르망빌

Contributed by FREAKS 건축
Photo by 쥘 쿠아투

프랑스 콩탕탱 반도에 위치한 이 콘크리트 별장은 원래 1950년대 바다에 면한 바위 위에 가로, 세로 15피트 규모로 지어졌다. 프랑스는 해안 건축 규정이 엄격하기 때문에 복원하는 동안 집의 크기와 형태를 바꿀 수 없었다. 파리의 건축 사무소 FREAKS는 샴페인색 아연 도금 피복 금속판을 덧붙였고, 수평선을 향해 열리는 두 개의 큼직한 미닫이창을 다는 등 규정 안에서 할 수 있는 일을 했다. 중이층에 2인용 침대가 있고 분홍색 화강암 풍경을 향해 난 커다란 실외 테라스가 있다. 거실에는 아이슬란드 건축가 발디마르 하다르손이 디자인한 접이식 안락의자와 8인용 테이블을 놓았다.

사냥꾼의 집
미국 켄터키주 중남부

Contributed by 세스 스피어스

이 오두막은 사냥 여행을 위해
켄터키주 중남부의 외진 숲에
지어졌다. 주인 세스는 애팔래치아
지방의 통나무집을 사랑했다.
그래서 오두막을 짓기로 마음먹었을
때, 애팔래치아 통나무집을 모델로
삼았다. 목재는 소유지에서 자라는
포플러나무 숲에서 얻었다. 10년
동안 숙성시킨 통나무를 휴대용

제재기로 크기에 맞게 잘랐다.
사슬톱으로 통나무 하나하나에
노치를 새겨 놓고 손으로 쌓아
올렸다. 세스는 건물의 밑넓이를
작게 잡았다. 다락을 두 개 만들어
야전 침대 여섯 개를 놓았고, 아래층
공간은 요리용 장작 난로 옆에서
휴식을 취하기에 완벽한 공간으로
만들었다.

쌍둥이 집
뉴질랜드 카이와카

Contributed by 체셔 아키텍츠
Photo by 나탈리 크래그
Production by 타미 크리스티안센

뉴질랜드 노스랜드의 카이와카
근처에 있는 이 쌍둥이 집은 강
하구를 따라 넘실대는 초원에
자리한 완전한 오프그리드
(offgrid, 공공 수도나 전력을
공급받지 않고 독립적으로
에너지를 생산하여 사용하는
방식) 주택이다. 빗물을 모아 쓰고
태양열을 사용한다. 페인트나
폴리우레탄 없이 지었고, 방수
처리를 위해 기름과 탄화 과정
(목재를 열로 처리해 내구성을
높이고 보기 좋은 색을 내는 과정)
에 의존했다. 집집마다 가스버너를
갖춘 작은 주방이 있고, 옥외
샤워실이 큼직한 바위 위에 지어져
있다.

생명의 집
캐나다 브리티시컬럼비아주 윈더미어

Contributed by 스튜디오 노스

'생명의 집'은 숲이 우거진 산허리에 자리한 나무 위의 거처다. 우거진 나뭇잎에 파묻힌 이 나무집은 두 사람과 열두 종의 새, 어쩌다 찾아온 호기심 많은 생물까지 무엇이든 품는다. 기묘한 모양의 건물 앞면에는 열두 개의 새집이 있다. 다양한 산새들을 위해 하나하나 설계되었다.

지상에서 9피트 높이에 있는 이 집은 튼튼한 로지폴 소나무로 지은 교차가새 구조(cross-braced structure, 사각형 뼈대 안에 막대 두 개를 X자형으로 교차시켜 내구성을 높이는 구조)에 둥지를

틀고 있다. 로자풀 소나무는 얼마 전 화재로 파괴된 근처 숲에서 주워 온 것들이다. 데크와 외벽에는 오래된 통나무집에서 가져온 널판을 활용했다. 앞면은 주문 제작한 둥근 모양의 적삼목 널로 덮었다. 지붕은 투명한 폴로카보네이트 판으로 덮어 햇볕이 집 안으로 들어올 수 있게 했다. 환기를 위해 둥그란 유리창 두 개도 만들었다. 다리로 산허리까지연결돼 있고, 돌길을 걸어 천연샘과 모닥불 터까지 갈 수 있다.

알프스 산장
오스트리아 호에타우에른

Contributed by DAV 뮐하임
Photo by 펠릭스 핑거

해발 8,500피트의 뷔제크휘테
쉼터는 오스트리아 알프스 고산
등산로에 있다. 1912년 건축을
시작해 완성하는 데만 20년이
걸렸다. 짐작하는 대로 검소하고
금욕적인 공간이다. 오븐도 없고,
물도 없다. 침대 네 개와 담요 몇
개, 양초가 있고, 밤에는 쥐들이
후두두 달려가는 소리가 들린다.

강 위의 집
Shantyboat

Contributed by 웨스 모즈
Photographs by 웨스 모즈, 브레데트 다이어,
제러마이어 대니얼스

웨스 모즈는 언뜻 보기에도 부랑자 행세를 할 만한
사람이 아닌 것처럼 보인다. 그도 그럴 것이 그는
1년의 4분의 3을 캘리포니아 해안의 산타크루즈에서
대학교수로 일한다. 그러나 여름이 오면 판잣집 배라
불리는, 길이 10피트에 폭 8피트짜리 투박한 오두막을
타고 몇 달씩 하류로 떠내려간다.

　웨스의 여행은 제2차 산업혁명 무렵인 1850년대부터
1950년대까지 미국의 가난한 사람들과 떠돌이
노동자들이 강에서 주거했던 유서 깊은 전통을 기리는
프로젝트다. 그 무렵 사람들은 강물에 휩쓸려 오는
것이라면 무엇이든 주워 모아 강물에 떠다니는 판잣집을
만들었다. 사라진 지 오래된 전통이지만, 웨스는 배
위에서 삶을 꾸렸던 '강 사람들'의 역사를 기리며 이
전통을 지키고 있다. 할머니를 기억하며 '도티'라 이름
붙인 판잣집 배는 2012년에 완성되었지만, "남부의
습지를 수십 년은 떠다닌 것"처럼 보인다고 그는
자랑스럽게 말한다. 최근 몇 년 사이 웨스의 판잣집 배는
트럭 뒤에 매달린 채 2만 6,000마일을 달렸고, 강을
따라서는 2,600마일을 떠다녔다. 돌아가며 번갈아 배에
오르는 친구들과 함께 웨스는 새크라멘토강과 어퍼
미시시피강, 테네시 허드슨강을 탐험했다. 곧 그는
오하이오강을 따라 피츠버그에서 시작해 하류
루이빌까지 600마일을 항해할 계획이다.

아이오와주 더뷰크 미시시피강에서. 화창한 날씨를 한가롭게 즐기고 있는 동료 선원 세바츠찬 뮬라우어와 모니카 할러.

캘리포니아 대학에서 학생들을 가르치기 전, 웨스는
열차 화물칸에 무임승차하며 이곳저곳을 돌아다니는
젊은 예술가였다. 그때 만난 모험가들 중에 떠돌이
친구가 있었는데, 그의 친구들이 보트를 무임승선하며
이곳저곳을 돌아다닌다고 했다. 그는 그 일에 매력을
느꼈다. 화물칸에 무임승차하는 일이든 보트에
무임승선하는 일이든 더 강한 것을 쫓아다니는 일이고,

같은 양의 지식과 관심, 즉흥성이 필요한 일이었다. 그는 트럭
타이어와 주워 온 합판들로 간단하게 뗏목을 만들었고,
그것이 강 여행의 시작이 되었다.

첫 항해를 경험 중인 선상의 개
헤이즐.

판잣집 배 '도티'의 작은 주방.

일리노이주 사바나 근처,
미시시피강에서 저녁으로 준비 중인
옥수수빵과 메기.

조종석에 있는 계기판.

(좌) 크지 않은 규모이지만
서가를 갖추고 있다.

(우) 모든 벽과 구석에 수납공간이
있다. '정연한'을 뜻하는 단어
'shipshape'는 모든 것을 위한 자리가
있고, 모든 것이 제자리에 있음을
뜻한다.

강을 따라 하류로 흘러가는 이 항해에서 웨스는 습지에 매혹되었다. 그곳들이 얼마나 길들여지지 않았는지, 도시 모퉁이만 돌면 나오는 하천에서 볼 수 있는 자연이 얼마나 아름다운지 깨닫게 된 것이다.

뗏목들은 한 계절용이었다. 강둑에서 캠핑을 하면서 며칠에 걸쳐 이것저것을 모아 만든 다음, 물에 띄워 강을 따라 흘러 다니며 많은 시간을 보냈다. 이 떠다니는 뗏목 위에 중고 가게에서 산 낡은 소파나 카펫 자투리, 여름 폭풍우로부터 보호막이 되어 줄 텐트 지붕 같은 것들을 갖다 놓기도 했다. 웨스는 그런 뗏목도 아늑한 느낌을 줄 수 있다고 말한다. 그러나 이런 뗏목들은 전기를 사용할 수 없었고, 사용 후엔 버려졌다. 한순간을 위해 짓고 용도를 다하고 나면 버리는 것이다.

다섯 번의 여름을 뗏목에서 보낸 뒤 웨스는 더 영구적인 배를 짓기로 결심했다. 2011년, 그는 '판잣집 배'의 역사에 관한 프로젝트를 구상했다. 설치 미술이기도 하고, 구술사이기도 하고, 모험이기도 한 프로젝트였다. 그는 탐사선이자, 판잣집 배이자, 보트를 손수 지을 생각이었다.

웨스는 1940년대와 50년대 역사 자료와 기록물을 파헤치며 적절한 디자인을 찾기 시작했다. 초보 보트 제작자인 그는 처음에는 바닥이 평평한 평저선 스타일의 바닥을 지을 계획이었다. 그러나 연구를 하면 할수록 안정성에 중점을 두게 되었다. "평저선은 무거운 것이 위에 있으면 뒤집히는 경향이 있지요."

결국 웨스는 평평한 바닥과 이중 킬(선박의 바닥에서 이물부터 고물까지 선체를 받치는 길고 큰 재목)이나 스케그(킬의 끝부분에 부착된 부분)를 갖춘 바지선 스타일의 배를 만드는 것이 전통을 살리면서도 안정적일 것이라는 결론을 내렸다. 10여 개가 넘는 도안을 살핀 뒤 디자이너 글렌 위트의 책『합판으로 보트 짓기(Boatbuilding with Plywood)』에 나온 선체 디자인으로 정했다. 웨스는 위트의 책을 '합판 보트의 바이블'이라 부른다.

예술가로서 웨스는 즉흥 창작을 즐긴다. 그러나 판잣집 배의 안정성에 있어서는 창조성을 포기하는 대신 전문성에 의지하면서 위트의 책에 실린 도안을 꼼꼼히 따랐다. 마침내 보트를 지을 때가 되자, 마음이 맞는 친구들을 모아 '100만 개쯤 되는 나사와 수십 개의 맥주 상자'와 함께 작업을 시작했다.

그러나 일단 선체를 완성하고 판잣집 배의 선실을 지을 단계가 되자, 웨스는 창의성을 발휘하기 시작했다. 건축업을 하는 할아버지를 보고 자란 웨스는 보트보다는 건물 짓는 일에 더 자신이 있었다. 어린 시절, 그는 할아버지의 망치질 소리에 잠에서 깨어 침대를 박차고 뛰어나가곤 했다. 할아버지는 그와 함께 낡은 자재를 다른 용도로 고쳐 건축에 활용하면서 미국 사람들이 재활용의 가치를 재발견하기 오래 전부터 그 가치를 몸소 보여 주셨다. 웨스는 '도티'를 지으면서 할아버지가 가르쳐 준 기술과 가치들을 기억해 냈고, 판잣집 배의 전통에 따라 재활용 자재들로 선실을 지었다.

(우) 뉴욕의 노스 브루클린 보트클럽이 펄라스키 다리 아래 뉴턴 크리크에서 판잣집 배의 선원들을 환영하고 있다.

(좌) 웨스의 프로젝트는 강으로 2,400마일, 도로로 2만 5,000마일을 이동했다. 7,000파운드 무게의 보트를 끌고 대륙을 횡단하는 일은 여행 때마다 가장 위험한 부분이었다.

위스콘신주 라크로스 근처
어퍼 미시시피강의 석양.

예술가이자 판잣집 배의 선장인 웨스 모즈가
미네소타주 브라운스빌 근처 미시시피강에서
1인용 소형 보트를 타고 휴식을 즐기고 있다.

일리노이주 뉴보스턴 스터전 베이의
어퍼 미시시피강 강둑.

(좌) 친구들은 판잣집 배를 짓는 모든
단계를 도왔다. 2년에 걸쳐, 재생 및
재활용 자재로 지었다.

(우) 밤이 오면 친구들은 배에서
요리하고 카드놀이를 하고 위스키를
마신다. 배는 캘리포니아주 그라임즈
근처 새크라멘토강의 고요한 강가에
정박해 있다.

판잣집 배가 강을 흔하게 오가던 한 세기 전에는 큰 강변에
제재소가 늘어서 있었다. 사람들은 하류로 떠내려가는
목재들로 주거용 배를 짓곤 했다. 웨스는 자재를 얻기 위해
조금 더 공을 들여야 했다. 목재로 쓰기 위해 100년 된 닭장을
뜯었다. 닭장 주인이 근처에 있는 헛간도 해체하겠느냐고
묻자, 얼른 그러겠다고 했다. 갑판은 천연 미국 삼나무 울타리
널로 만들었다. 왜냐하면 캘리포니아에서는 어디에나
울타리가 있기 때문이다. 판잣집에는 박공지붕을 덮었다.
처음에는 미관상 보기 좋다는 이유로 선택했지만, 그는 곧
박공지붕 디자인의 실용적인 이점을 깨닫고 박공에 다락을
지었다. 포근하고 편안한 2인용 침대를 놓기에 딱 좋은
크기였다.

과거의 판잣집 배들은 떠돌이 노동자들의 거처였다.

그들은 단순한 배를 지어 가족을 이끌고 새로운 일자리를 찾아다녔다. 웨스는 이 전통을 현재 진행 중인 구술사 프로젝트로 기록하고 있다. '도티'는 이런 전통과 연결된 실체인 셈이다.

판잣집 배에는 모든 것에 자리가 있다. "저는 무언가 필요할 때 정확히 어디에서 그것을 찾을 수 있는지 아는 것이 좋습니다." 웨스는 말한다. 붙박이 수납장과 책장이 있고, 소파 뒤에 바가 있고, 구석구석에 선반이 있다. 웨스는 여러 해에 걸쳐 판잣집 배를 계속 개조했다. 육상의 전력에 연결할 때 쓸 콘센트와 빛을 더해 줄 랜턴, '연필과 선박용 무전기, 지도, 로프, 수건, 향신료'처럼 꼭 필요한 물품들을 보관할 수납공간을 더 많이 설치했다.

웨스는 펜실베이니아주 피츠버그에서 강변 도시 200개를 거쳐 2019년 8월, 산타크루즈에서 새 학기를 시작할 무렵 여정을 끝마쳤다. 오하이오강은 크고 아름답다. 북쪽과 서쪽 강기슭으로는 낮은 둑과 농지들이 펼쳐지고, 동쪽과 남쪽으로는 바위투성이의 버지니아 산맥과 켄터키 산맥이 보인다. 집을 짓는 다른 사람들과 달리, 웨스는 주변 환경에 지겨움을 느끼게 되지 않을까 걱정하지 않는다. 1,000마일에 가까운 오하이오강 하나만으로도 그의 관심을 오랫동안 사로잡기에 충분하기 때문이다. "나중에 탐사할 게 여전히 더 남아 있겠지요." 웨스에게는 언제나 더 탐사해 볼 것이 늘 남아 있을 것이다.

안식처

네덜란드 레텔러

Contributed by 겟어웨이 프로젝트
Photo by 마르흐릿 훅스트라, 바바라 낫제일

파울린 반 노오르트와 아르노 스후르스는 네덜란드에서 휴가 기간에 머물기 좋은 장소를 도무지 찾을 수 없었다. 그래서 그런 장소를 직접 만들기로 결심했다. 그들은 건축업자인 친구의 도움으로 두 개의 조립 부분으로 구성된 미송

집을 짓고 '안식처'라 이름 붙였다. 완성하고 나자, '안식처'를 둘 자리가 필요했다. 결국 집 근처 초원에 둘러싸인 10에이커 면적의 숲에 이상적인 장소를 발견했다.

더그아웃
코스타리카 툼바스

Contributed by 앤드루 시거

'더그아웃'은 코스타리카 남서부 농장에 지은 300평방피트 면적의 오두막이다. 앤드루는 목수 제프리의 지도 아래 토종 사이프러스로 이 오두막을 지었다. 미늘벽과 큰 미늘덧문을 두르고 있어, 비바람으로부터 보호받으며 주변 정글을 내려다볼 수 있는 전망대 구실을 한다. 내부 공간은 처마의 보호를 받고, 바닥에서 18인치 위에 배치된 수면 플랫폼은 편안한 침대와 명상 장소가 되어 준다. 전면 벤치와 계단이 수면 플랫폼과 나머지 공간을 연결한다. 큼직한 덧문을 활짝 열면, 정글에 뒤덮인 600피트 벼랑이 눈 앞에 펼쳐진다.

검은 집
캐나다 온타리오주 사우전드제도

Contributed by 피트 롱
EX Photo by 핀 롱
IN Photo by 크리스 대니얼

2016년에 지은 '검은 집'은 태양열 발전을 한다. 숲에 둘러싸인 이 집은 도시 생활에서 벗어날 수 있는 피난처로 만들어졌다. 소유주 가운데 한 사람인 피트 롱이 넉 달에 걸쳐 집을 지었다. 지역에서 벌채한 삼나무와 소나무, 전나무를 썼다. 창문과 문, 채광창 대부분은 해비탯 운동(Habitat for Humanity, 열악한 주거 환경에서 살아가는 사람들이 집을 개조하거나 짓도록 돕는 비영리 단체)에서 운영하는 재활용 가게에서 구해 왔다.

캠벨의 통나무집

캐나다 온타리오주 카와사 호수 지역

Contributed by 루크 캠벨

커크 켐벨은 2016년에 메이플시럽 수확기를 위해 이 통나무집을 지었다. 열장이음(비둘기 꼬리 모양으로 끝이 넓고 안으로 갈수록 좁아지는 이음새를 만들어 목재를 맞물리는 방식)으로 연결한 소나무 목재부터 장부맞춤(한 목재의 끝을 가늘고 길게 만들어 다른 목재의 구멍에 끼우는 방식)으로 제작된 통나무 난간, 다락으로 가는 소나무 사다리까지 모두 손수 만들었다. 커크의 아들 루크는 이 통나무집의

구조가 동·식물학자이자 솜씨 좋은
장인인 리처드 프뢰네케로부터
영감을 얻은 것이라고 말한다.
프뢰네케의 전설적인 알래스카
통나무집은 미국의 국가 사적지로
등록돼 있다.

하늘이 보이는 아지트
잉글랜드 킬더숲

Contributed by 스튜디오 하디
Photo by 잭 부시

잉글랜드 북동부에 자리한 이
집은 영국 텔레비전 프로그램
「조지 클라크의 어메이징
스페이스(George Clarke's
Amazing Spaces)」를 위해
지어졌다. 설계자는 이 공간에
'안과 밖의 가장 좋은 것들을
혼합'하려 했다. 접이식 가구를
사용했고, 유속이 빠른 아름다운
강 풍경을 볼 수 있는 발코니를
설치했으며, 오픈되는 지붕으로
노섬벌랜드의 놀랍도록 아름다운
하늘을 막힘없이 볼 수 있게 했다.

평화의 집
칠레 파타고니아

Contributed by 브레이디 릴예마크,
브라이언 내시, 찰리 퍼거슨
Photo by 찰리 퍼거슨

칠레 파타고니아의 외진 구석에
지어진 이 집은 평화봉사단
활동을 하다 만난 세 친구가 만든
집이다. 세 사람은 이곳에 왔다가
파타고니아와 사랑에 빠졌고,
떠날 때는 아름답고, 종종
질척거릴 때도 있는 작은 돌밭의
소유주가 되었다. 소유지는 가장
가까운 도로에서도 여섯 시간이나
걸리는 거리였지만, 세 친구는
이곳을 삶의 중심으로 만들기로
결심했다. 그들은 기본적인
기능을 갖춘 단순한 공간을
설계한다는 원칙을 세웠다. 주거
공간 하나와 요리와 난방을 위한
장작 스토브 하나, 수면 공간 둘,
자연광을 들여보내는 큼직한
유리창을 계획했다.
운 좋게도 그 지역에 집을

지은 경험이 있는 도목수와
3인조 건축팀을 찾을 수 있었다.
거의 모든 목재는 죽어 가는 토종
나무를 현장에서 베고 제재해서
썼다. 그렇게 넉 달 뒤 집이
완성되었다. 생활 공간은 널찍했고
천장이 높아서 빛이 가득
들어온다. 주방에는 스토브가
있고, 수공으로 만든 나무
탁자에서는 여러 사람이 모여
식사를 할 수 있다. 물은 가까운
곳에 있는 샘을 활용해 공급한다.
세 친구와 그들의 가족은 해마다
트레킹으로 한 해를 시작해
이곳에 머물러 간다. 그리고 남은
시간 동안 이곳을 꿈꾸며 지낸다.

치유의 집
스페인 세고비아

Contributed by 하비에르, 아르투로,
후안 에레로

에레로 가족은 스페인 세고비아의
외진 마을에 오두막 한 채를
지었다. 나무 세 그루— 참나무,
털가시나무, 늙은 노간주나무—
사이에 높이 솟은 터를 신중하게
골랐고, 화강암 바위들로 기초를
놓은 뒤 여기저기서 주워 온
자재로 2단 박공지붕 양식의 집을
지었다. 이 집에는 채광창 둘과 큰
창이 있다. 층도 두 개인데, 하나는
주방이고 다른 하나는 잠을

자거나 쉬는 공간이다.

이 집을 지은 하비에르와
아르투로, 후안 형제는 분주한
삶의 리듬에서 벗어날 수 있는
피난처뿐 아니라, 가족과 친구들이
'성지'처럼 찾아올 수 있는 곳,
'영혼을 치유하고 다른 관점으로
삶을 바라볼 수 있는 곳'이 되기를
바라는 마음으로 이 집을 지었다고
말한다.

파라다이스 발리
인도네시아 발리

Contributed by 지소우

발리 집의 건축자이자 소유주인
지소우는 전기와 온수 같은
현대 생활의 사치를 포기하지
않으면서도 자연 가까이에서
살 수 있는 집을 짓겠다는 목표로
이 오두막을 디자인했다. 그는
대나무와 짚으로 집을 지었다.
벽이나 문, 창이 없는 집이다.
그림도, 장식도 없다. '필요하지

않거나, 실용적 용도가 없거나,
쉽고 저렴하게 대체하거나, 고칠
수 없는 것은 무엇이든 들이지
않았다고. 그 결과 '광활한
자연 그대로의 파라다이스'가
탄생되었다.

나오히로의 도시 탈출
Naohiro's Escapes

Contributed by 나카무라 나오히로
Photographs by 나카무라 나오히로

나카무라 나오히로가 회사를 그만두겠다고 마음먹을
무렵, 그는 도쿄에서 시스템 엔지니어로 일하고 있었다.
도쿄는 세상에서 가장 흥미진진한 도시 중의 한곳이고,
보수도 잘 받는 직업이었다. 북부 홋카이도현 출신인
나오는 처음에는 정신없이 돌아가는 도쿄의 도시 풍경이
아름답다고 생각했다. 그는 도쿄의 화려한 유흥가를 처음
본 경험을 이렇게 기억한다.

"신주쿠역에 처음 내렸을 때 오늘이 축제가 있는
날인가 하고 생각했던 게 기억납니다."

그러나 시간이 흐르자, 자극이 넘치는 도쿄에서는
오로지 '일하기 위해 사는' 것처럼 느껴졌다. 그래서
2007년 아내 메구리와 그들의 반려견 나폴리와 함께
일본제도의 한쪽 끝에서 다른 쪽 끝까지 두 달간 자동차
여행을 떠났다. 나오와 메구리의 종착지는 그가 태어나고
자랐으며 열아홉에 친구의 소개로 지금의 아내를 만난
시골 현이었다. 바로 그곳에서 부부는 새로운 삶을
시작하기로 결심했다.

여행을 하는 동안 나오와 메구리는 비좁은 폭스바겐
골프 IV 자동차에서 자고, 슬리핑백 하나와 냄비 두 개만
갖고 휴대용 캠핑 스토브로 요리하면서 그럭저럭 지냈다.
가끔은 친구들의 집에 묵거나 그들을 환대해 주는 유기농
농장을 방문하기도 했다. 이런 시골집들은 주인이 직접
지은 집이 많았다. "새로운 발견이었지요."

따뜻한 계절에는 식사 공간으로 쓸 수 있도록 데크에 타프를 친다.

거실과 주방, 책장, 화장실, 침대, 난로까지 모든 것이 밑넓이 10평방피트 안에 있다.

나오는 말한다. "집을 직접 지었다는 사람을 그전에는 만나 보지 못했어요. 손수 짓는다는 생각을 했다는 것만으로 대단히 놀라웠죠."

당시 스물일곱 살이던 나오는 대도시의 전문 기술직으로 살아가는 삶 말고 다른 인생을 사는 방법은 없을까 생각하고 있었다. 여행을 되돌아보며 그는 '일과 삶의 균형'을 찾은 사람들에게 감명을 받았다는 사실을 깨달았다. 그들은 '어느 하나가 다른 하나를 압도하도록 놔두지 않는' 사람들이었다.

그는 자신도 균형 있는 삶을 살기로 결심했고, 그런 삶을 뒷받침해 줄 집을 짓기로 마음먹었다. 우선은 집 짓는 법을 배워야 했다. 나중에 고향 홋카이도에서 그의 직업이 될 기술이었다.

홋카이도는 일본에서 사람의 손길이 가장 닿지 않은 땅이다. 일본의 주요 섬 가운데 가장 북쪽에 있는 이곳에는 아이누족이 살았다. 아이누족은 비옥하지만 살기 힘든 이 땅을 2,000년 동안 경작해 온 원주민들이다. 나오의 집안은 아이누족은 아니지만(그의 고조부는 땅을 찾아 그곳으로 이주한 농부였다.) 그는 홋카이도의 모든 주민들이 원주민의 역사에 자부심을 느껴야 한다고 생각한다. 원주민의 역사는 그를 비롯해 일본 후손들이 홋카이도 땅을 빌려 살고 있음을 기억하게 해 줄 것이다.

나오의 아버지는 홋카이도의 주도 삿포로 남쪽의 이와미자와의 시청에서 일했고, 어머니는 가정주부로 그와 형을 키웠다. 나오는 도시 근교에서 어린 시절을 보냈고, 본토에 사는 짧은 시간 동안 홋카이도의 때묻지 않은 풍요로운 자연, 자급자족 전통들을 더욱 소중히 여기게 되었다. "이 광활하고 풍요로운 땅의 많은 부분이 여전히 자연 상태에 가깝게 남아 있다는 것은 믿기 힘든 일이자 기분 좋은 일이지요." 나오는 말한다.

나오와 메구리는 인구 1만여 명이 거주하는 농촌 나가누마로 이주를 결정했다. 시골이지만 삿포로로 통근할 수 있었고, 요리사와 식당 경영자뿐 아니라, 화가와 작가, 목공예가, 유리공예가, 대장장이들이 모여들어 지역 사회 문화활동도 활발한 곳이었다.

그러나 고향으로 돌아오는 데는 나름의 어려움이 있었다. 나오의 가족들은 처음에는 그의 결정을 반기지 않았다. "무엇을 하겠다는 뚜렷한 생각 없이 돌아왔으니까요." 그러나 나오는 삿포로 목공학교 2년 과정에 등록했고, 그 과정을 마친 뒤에는 3년간 도제 기간을 거쳤다. 그가 건축가가 되어 새로운 일을 시작하고, 목공과 디자인 회사를 열자, 가족들의 걱정이 줄어들었다.

마침내 새로운 직업에 정착한 나오는 가정과 일의 균형을 잡기 시작했다. 그와 메구리는 나가누마 외곽에 40년 된 집을 한 채 빌렸다. 홋카이도에서는 굉장히 오래된 집에 속했다. 집 마당에는 작업장을 지을 공간이 있었고, 너른 정원을 가꿀 공간도 많았다. 막 목수 일을 시작한 나오에게는 아주 이상적인 집이었다. 소박한 삶을 꾸리기에도 완벽했다.

집짓기는 그가 구상한 계획의 중심에 있었다. 나오는 집에서 몇 걸음 떨어진 곳에 108평방피트의 집을 설계했다. 이 집은 그의 사무실이면서 고객들에게 자신의 역량을 보여 줄 모델 하우스이자 가족과 친구들을 초대할 게스트하우스, 영화를 보거나 책을 읽는 장소 등으로 계획되었다. 미니멀한 평면도에 주방 하나와 화장실 하나, 식탁과 의자들, 책장 겸 수납장, 침대 하나를 담았다. 자신이 설계한 집에는 '요모기야(よもぎや, 쑥을 뜻한다. 일본어로 '쑥이 무성한 집'은 자기 집을 겸손하게 부르는 말이기도 하다.)'라는 이름을 붙였다. 태양력 발전과 프로판가스를 연료로 사용하며, 퇴비화 변소가 있고, 발로 밟는 펌프로 수돗물을 공급한다.

(우상) 나무 블라인드를 만드는 데 시간이 많이 들었다. 나오는 블라인드를 통해 들어오는 빛을 좋아한다.

(우하) 나오는 이 자리에서 책 읽기를 좋아한다. 이 자리는 불 가까이에 있어 따뜻하고, 손을 뻗으면 장작을 집을 수 있는 데다, 정원도 보인다.

(좌) 나오의 할아버지는 40년 전 헛간에서 쓰려고 이 사다리를 만들었다. 나오는 이곳에 완벽하게 어울린다고 생각해서 사다리를 '빌려' 왔다.

(좌) 어느 화창한 날 오후 햇살 속의
나카무라 나오히로.

(우) 피자와 빵을 만들기 위해 로켓
스토브를 만들었다. 다른 음식을 구울
때도 자주 사용한다.

요모기야는 기능적인 공간으로 설계되었지만, 나오가 꿈꾸는 목가적인 시골 생활을 엿볼 수 있는 요소들도 있다. 나오는 피자를 사랑하는 여섯 살 아들 키나리를 위해 요모기야의 나무 포치 옆에 흙으로 화덕을 만들었다. 근처에는 피자 전문점이 없기 때문이다. "도쿄에 살 때는 모든 일을 돈으로 해결했죠."

나오는 말한다. "집에 문제가 생기면 기술자를 불렀고, 필요한 게 있으면 쉽게 살 수 있었어요. 이제는 뭔가 해결해야 할 일이 있으면 스스로 해 보려 합니다." 나오는 시골 생활에서 불편해 보이는 점들, 이를테면 무더운 여름의 밭일이나 겨울의 눈 치우기 같은 일들을 좋은 기회로 여긴다.

"여기에서는 헬스클럽에 다닐 필요가 없죠."

요모기야는 독립된 프로젝트가 아니었다. 그보다는 나오가 자신의 '이상적 삶'을 도울 시스템으로 묘사한 것들 중에 하나였다. 논밭에 둘러싸인 요모기야에서 나오는 벼와 토마토, 오이, 감자, 애호박, 콩, 그린빈, 미즈나, 당근, 양배추 등 많은 것을 키운다.

"이런 삶에서 저는 도시에서 살 때는 경험하지 못했던 방식으로 행복을 느낍니다."

나오가 이상적 삶을 도울 시스템으로 부르는 두 번째 프로젝트는 '이동용 오두막'으로, 길에서도 마찬가지로 이런 생활을 이어 갈 수 있게 해 준다. 나오가 '트럭 오두막'이라 부르는 이 이동용 오두막은 소라게처럼 덮개가 달린 1994년식 도요타 하이에이스 트럭이다. 이 트럭은 또 다른 오프그리드 오두막인 동시에 독립적인 은신처다. 간소한 이동 주택이자, 나오의 업무 차량이기도 하다. 이 이동용 오두막은 또 다른 이동 수단인 카누로부터 영감을 얻었다.

캠핑 모드로 변신한 트럭 위의 오두막. 조립식 주방과 타프 천장은 주방을 덮지 않을 때는 문으로 이용한다.

(좌상) 이동용 주방. 물은 단순한 펌프 압력 탱크로 공급되며, 스토브는 휴대용 가스버너로 대신한다.

(좌하) 일상적인 작업 모드로 변신한 트럭 오두막. 나오는 트럭 바닥을 수납공간으로 사용하므로 물건이 어디에 있든 꺼내기 편리하게 옆문을 달았다.

(우) 캠핑 모드일 때 보이는 침대와 아래쪽 수납공간.

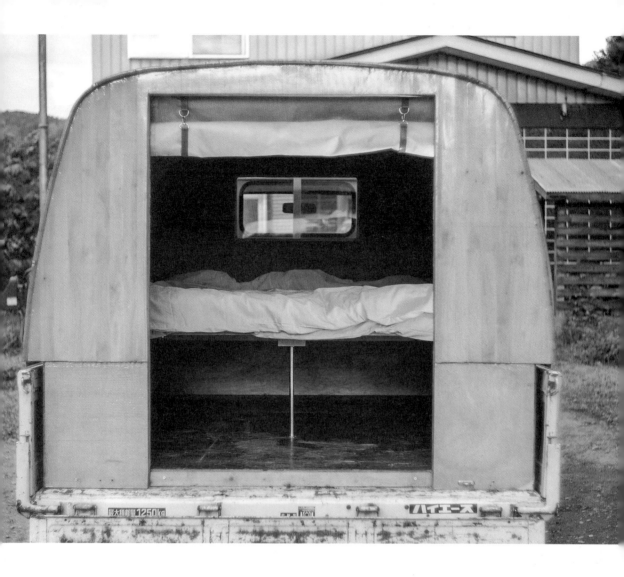

대부분의 캠핑용 자동차는 네모난 상자 모양이어서 천장과 벽이 분명하게 구분된다. 하지만 나오는 천장과 벽이 매끄럽게 이어지는 디자인에 마음이 끌렸다. 가볍고 방수가 되어야 한다는 것도 그 못지않게 중요했다. "그 문제에 대해 고심하고 있을 때 친구가 자동차 위에 카누를 붙들어 매고 있었어요." 나오는 말한다. "우리가 노를 젓게 될 강을 내려다보는데, 이런 생각이 문득 들었습니다. '큰 카누를 만들자!'"

나오는 자재를 운반하기 위해 이 트럭을 거의 매일 쓴다. 침상을 만들어 침대 밑에 연장과 자재를 보호할 수납공간을 둘 수 있게 했다. 이번 디자인은 단열

구조가 부족하지만, 다음 모델은 추운 겨울까지 1년 내내 더 긴 여가를 즐길 수 있도록 지을 계획이다.

빛이 있으면 그림자도 있는 법! 누군가 도시가 그립지 않냐고 물어본다면 나오는 도쿄의 군중과 혼잡한 전철이 그립다고 고백할 것이다. 더구나 그는 육체노동에 대한 뿌리 깊은 편견을 버리려고 여전히 애쓰는 중이다. 하루 종일 무언가를 짓거나 개조할 때면 도쿄의 삶과 홋카이도의 삶이 얼마나 다른지 실감한다.

"머리에 저장되는 지식과 달리, 기술은 제 손에 자국을 남기죠."

나무와 함께 크는 집
이탈리아 로마

Contributed by 다니엘레 델 그란데

로마 외곽 숲의 22피트 높이에 있는 이 집은 사다리와 밧줄을 써서 나무 사이에 지었다. 난간은 밤나무를 깎아 만들었고, 창문은 참나무로, 내부는 소나무 판자로 지었다. 작은 화장실과 전기 시설이 있어서 현대적인 편리함을 일부 제공해 준다. 나무집은 강철 케이블과 지지 벨트로 매달려 있고, 조절 가능한 목재 죔쇠로 고정되어 있어서 바람과 함께 안전하게 흔들리며, 나무가 자라면 함께 위로 이동한다.

버팔로 목장의 유르트
캐나다 온타리오주 마타와

Contributed by 새러 깁슨
Photo by 자크 배러노스키,
웨이드 몽펠리에, 대린 스테번스

이 2층짜리 유르트는 토론토 근교를 떠나 새로운 삶을 찾아 온타리오 북부로 이주한 한 가족이 직접 지었다. 이 가족은 6년 전 마타와로 이사 온 뒤 작은 가족사업체를 열고 오프그리드 숙소들을 짓기 시작했다. 버팔로 스위트는 캐나다에 딱 하나밖에 없는 2층 유르트다. 버팔로 목장을 내려다볼 수 있는 10피트 길이의 창문이 하나 있고, 목골 구조에 손으로 엮은 격자무늬 내벽과 어린 발삼전나무로 만든 지붕으로 구성된다.

모서리 없는 집
웨일스 베르샨 다웰

Contributed by 재스민과 사이먼 데일
Photo by 사이먼 데일

'언더 크로프트'는 웨일스의 한 오프그리드 생태 마을 언덕 비탈에 기대어 지은 둥근 움집이다. 2009년에 지은 이 집은 어스십 (earthsohip, 에너지와 물, 식량을 자급하기 위한 흙집의 형태로, 흙을 채운 폐타이어와 같은 재활용 자재나 자연 자재를 쓴다. 대개 서남향의 큰 창이 있는 온실을 지어 태양광을 사용하는 동시에, 식물을 키우며 맞은편에 열 저장체 기능을 하는 흙벽을 둔다.) 설계 원칙에서 영감을 얻었다. 재활용 유리로 지은 온실이 단열 구조를 제공해 주어서 토마토와 오이를 비롯한 채소를 키우기에 완벽한 장소가 된다.

언덕 비탈에 기대고 있는 덕택에 햇볕이 잘 들어오는 한편, 바람을 막을 수 있다. 난방은 작은 장작 난로와 흙을 활용한다. 복사열이 더욱 넓게 퍼지도록 연통 굴레에 열을 저장하는 이판암과 심토를 둘렀다.

인형의 집
미국 버몬트주 런던데리

Contributed by 벤 서전트
Photo by 엘리자베타 팍스 피안토니

벤은 어머니가 만든 인형의 집에서 영감을 얻어, 뉴욕주에 있는 200년 된 헛간을 구입해 해체한 뒤 버몬트주 그린 산맥에 있는 사과 농장에서 재조립했다. 2년 가까이 걸렸지만 판자와 기둥, 들보가 빠짐없이 제자리를 찾았다. 요리 장비를 갖춘 근사한 주방도 있고, 육중한 글렌우드 스토브도 있다. 글렌우드 스토브는 탁탁 타오르는 불과 널직한 요리용 상판을 자랑한다. 하지만 헛간 내부의 많은 부분은 여전히 단순하고 투박한 느낌을 준다. 손으로 만들거나, 원래 있던 물건을 다른 용도로 재사용하거나, 폐품을 재활용했다. 마루 목재도 근처 학교 건물에서 주워 왔다.

올빼미 집
미국 워싱턴주 레이니어산

Contributed by 발레리 영,
라이언 사우더드

Photo by 에릭 젠슨

발레리와 라이언은 이탈리아
북부 돌로미티에 지어진 소박하고
조그만 산장에 묵으며 스키 휴가를
보낸 뒤 통나무집을 물색하기
시작했다. 그로부터 10년이 지난
뒤 그들은 태평양 연안 북서부의
울창한 숲에 있는 이 A자형 집을
발견했다. 그리고 비로소 두
사람의 탐색은 끝이 났다.

두 사람이 집에서 가장 아끼는
부분은 바닥이다. 지역의 건축자를
구하지 못하자, 두 사람은 팔을
걷어붙이고 합판과 페인트,
폴리우레탄으로 작업을 시작했다.
이 성공에 힘을 얻어 다음에는
온수 욕조를 갖춘 새 데크를
만드는 일에도 도전했다.

이동식 모델하우스

잉글랜드 바스

Contributed by 인비저블 스튜디오
Photo by 제임스 스티븐슨

잉글랜드 바스에 있는 이동식
모델하우스는 저렴한 가격에
이동식 주택이나 영구 주택을
장만할 수 있도록 고안되었다.
'인비저블 스튜디오'가
설계했고, 탈착 가능한 바퀴와
섬유 유리, 철로 지어졌다.
단열재는 폐품을 활용했고,
채광창은 저렴한 가격으로
구입했으며, 내벽에는 콘크리트

거푸집 공사에 썼던 합판을
사용했다. 박공벽에는 고성능
폴리카보네이트 판자를 맞물려
끼웠다. 이들은 사람들에게
저비용, 다목적 공간으로 이동식
주택을 제공하길 원한다. 누구나
다양한 용도를 위해 쉽게 개조할
수 있는 공간을 제공하는 것이
인비저블 스튜디오의 목표다.

브루니섬의 비밀기지

호주 태즈메이니아

Contributed by 매과이어,
디바인 아키텍츠
Photo by 롭 메이버

호주 브루니섬의 숲 99에이커에 둘러싸인 이 작은 집은 한가롭게 책을 읽고, 바이올린을 연주하고, 별을 바라보기에 이상적인 장소다. 일본 전통 건축의 단순함에서 영감을 얻은 집의 내부에는 가구가 낮은 테이블과 매트리스만 있고 나머지는 모두 붙박이다. 산불에 잘 타지 않는 목재와 합금 도금 강판으로 지었다. 그 외 꼭 필요한 것들은 주로 자연에서 얻는다. 태양력 발전을 위한 광전지가 있고, 빗물 수거 시스템을 갖췄으며, 열을 공급하는 장작 화덕이 있어 요리를 위한 가스만 준비하면 된다.

재활용 집

벨기에 겐트

Contributed by 비안카 아포스텔,
다니엘 베르노이
Photo by 얀 베를린데, 얀 데 뮐프,
한트 반 데르 바위데

'케이트'는 폐물로만 지어진 작은
오두막이다. 지역의 자재와 전통을
중시하는 '토속 건축(vernacular
architecture)'으로부터 영감을
얻어 2013년 브레다에 지어졌다.
그 뒤 트랙터를 이용해 숲으로,
농장으로, 현대 미술관으로
옮겨 다녔고, 마지막으로 벨기에
겐트항에 도착했다. 집 안에는
숨겨진 서랍들과 칸들이 있고,
이중, 삼중 기능을 하는 물건이
가득하다. 거주자는 스물일곱 살의
디자이너이자 예술가인 비안카와
스물여덟 살의 겐트 음악학교
학생인 다니엘이다. 집의 외관만을
보고 그들을 게으른 식객쯤으로
여기는 사람들도 있다.
"그런 거만한 태도는 임금 노동
시스템 바깥에서는 제대로
살기가 불가능하고, 심지어 그런
삶은 도덕적으로 의심스럽다는
오해에서 나오지요." 비안카는
말한다. "하지만 저희의 결정은
경제적 논리에서 나온 게 아닙니다.
사실, 삶에서 의미 있는 많은
결정들이 대개 그렇지요. 과학이나
예술에서도 마찬가지고요. 아니,
시간을 쓸 가치가 있는 모든 일이
그렇습니다."

비버스 부부의 산장
Beavers Lodge

Contributed by 샬롯, 마이크 비버스
Photographs by 마이크 비버스, 제스 비얀키

많은 선택의 기로에서 자신만의 길을 찾아왔던 방식대로
마이크 비버스는 산타모니카 산맥으로 오게 됐다. 그냥
그게 좋을 거라는 느낌이 들었다. 친구 하나가 대학원
진학을 위해 동부로 떠나 있는 동안 집을 관리할 사람을
구했다. "손대지 못할 만큼 어려운 도전은 없고, 고려할
가치가 없을 만큼 터무니없는 생각은 없다."라는 생각을
공유하는 친구였다. 그 친구가 산비탈에 있는 자신의
소유지 가장자리에 오랫동안 방치된 통나무집을 관리인
숙소로 변신시키는 게 어떻겠냐고 제안했을 때, 마이크는
그 계획을 자연스럽게 받아들였다.

　그때 마이크는 샌프란시스코에서 살고 있었다. 아내인
샬롯과 막 사귀기 시작한 지 고작 석 달밖에 되지 않았을
때였다. 두 사람은 미션 디스트릭트 액자 가게에서
일하다가 만났다. 그는 목공 견습생이었고, 화가인
샬롯은 가게의 액자 표구실을 감독했다. 힘든 도시
생활과 지역 특유의 습한 기후는 그를 지치게 했다. 그는
점점 '후줄근해지는' 느낌이 들었고, 캘리포니아 남부의
건조한 공기와 웨트슈트 없이 즐기는 서핑에 마음이
끌렸다. 하지만 샬롯을 두고 가는 게 마음에 걸렸다.
샬롯은 샌프란시스코 베이 지역 토박이였다. "저는
관계에서 그렇게 충동적인 편은 아닙니다." 마이크는
말한다. 하지만 두 사람은 너무나 잘 맞았다.

침대는 현관 뒤로 밀어 넣었다. 등잔 밑이 어둡듯 침대를 보이지 않게 감출 수 있다. 가운데 자리한 장작 난로가 원룸 통나무집을 골고루 덥힌다.　　**113**

마이크는 샬롯에게 함께 가지 않겠느냐고
제안했다. 샬롯은 흔쾌히 동의했고, 두 사람은 이후
2년 동안 캘리포니아의 참나무와 호두나무, 수풀
틈에 자리한 작고 낡은 통나무집을 함께 해체하고
재건축했다.

처음 마이크와 샬롯은 본채에서 살았다.
통나무집보다 큰 본채 역시 디자인이 범상치
않았다. 무엇보다 캘리포니아 남부인데도 외풍이
심한 유리창들과 볼링장 바닥자재를 재활용한 바닥
때문에 집이 추웠다. 두 사람은 겨우내 60개가 넘는
둥근 징검돌로 계단을 놓으며 통나무집까지
이어지는 동화 같은 오솔길을 만들었다. "그 길에
들어서면 다른 어딘가로 가게 된답니다."

그 "다른 어딘가"는 산비탈에 지어진 괴상한
통나무집이다. 이 통나무집에는 90도로 각진
부분이 하나도 없었다. 마이크는 통나무집이
그곳에서 얼마나 오래 있었는지, 마지막으로 사람이
살았던 것이 언제였는지 알지 못했다. 친구도
통나무집의 역사는 알지 못했지만, 아마도 수십
년은 됐으리라고 짐작했다. "꽤 거친 상태였어요."
마이크의 계획은 단순했다. 되도록 저렴하게 거주할
만한 공간을 창조하는 것!

"처음에는 지붕을 교체해서 빛을 더 많이
들어오게 해야겠다고 생각했어요." 그러나 얼마나
오래됐는지 모르는 이 통나무집을 되살리는 일은
쉽지 않았다. 비가 오면 통나무집은 "습기가 마르지
않는 어두운 동굴"이 되었다. 처음 생각했던 것보다
더 많은 작업이 필요했다. "오래된 삼나무 울타리
판자, 크레오소트(목재 방부재)를 바른 목재,
합판까지 하나씩 뜯어내기 시작했어요."

마이크는 DIY 재건축이 처음은 아니었다. 그는
20대에 식당에서 일을 하다가 커피숍을 열기로
결심했다. 골동품 가게였던 자리를 임대했는데,
요식업 허가를 받으려면 상당한 작업이 필요했다.
예산이 많지 않았던 마이크는 많은 개보수 작업을
스스로 했다. 콘크리트 깨는 법, 배관 까는 법, 욕실
만드는 법을 익혔다. 신나는 도전이었다. 가게를
열고 나서는 직원 관리에 많은 시간을 써야 했는데,
"건축에 비해 상당히 김빠지는" 일이었다.

카펫은 결혼 선물로 받았다. 침대 옆 벤치는 앉을 수 있는 공간이자, 침대로 올라가는 계단이다.
카펫 아래 바닥 판자는 들어낼 수 있어서 아래 공간을 수납공간으로 쓴다.

(좌상) 테이블은 마이크 친구의 가게에서 벽을 뜯어낼 때 얻어 온 판자들로 만들었다. 창에 매단 꽃들은 비버스 부부의 결혼식 장식에서 남은 꽃들이다.

(좌하) 현관 구석은 마이크가 좋아하는 장소로, 가장 실용적인 부분이다. 벤치에 앉아서 신발을 신을 수 있어 편하다. 오른쪽에는 통나무집의 유일한 전기 스위치가 있다. 모든 조명이 하나의 회로로 연결되므로 모두 켜거나 꺼야 한다. 밖으로 나가는 출구인 현관 구석에는 코트걸이와 신발장이 있고, 모자와 헤드램프를 걸기 위한 못이 몇 개 걸려 있다.

(우) 마이크와 샬롯은 킹사이즈 침대를 잠자리에 딱 맞게 만들었다. 빨랫감은 머리 위 바구니에 넣고 침대 밑 서랍은 무척 깊어서 옷을 수납하기에 좋다. 목욕 수건은 문 뒤에 걸어 둔다.

그는 가게를 팔고 집을 세준 뒤 스프린터 카고밴에 짐을 싣고 캘리포니아로 왔다.

샬롯도 만만치 않았다고 마이크는 회상한다.

"하루 종일 작업실에 박혀 자기 바지 몇 개를 만들어서 들고 나올 사람이죠." 통나무집을 짓는 동안 샬롯은 비를 맞으며 흙 양동이를 끌고 비탈을 올라왔다.

"힘든 일을 해내는 인내심이 정말 대단하답니다."

샬롯은 무슨 일에든 발 벗고 나섰다. 생명이 위험할지도 모르는 일, 즉 통나무집을 떠받치는 중요한 기둥을 교체하는 일도 함께했다. 마이크가 온라인 광고를 올렸더니 25피트 높이의 전신주를 가져가라는 제안이 들어왔다. 공사 후 전깃줄을 땅에 묻고 나서 남은 것이었다. 마이크는 나무를 베어 본 적이 없고 체인톱도 많이 써 보지 않았지만, 유튜브 영상을 보고 시도해 보기로 했고, 그렇게 사유지 진입로에 놓인 전신주를 베어 냈다. 그는 전신주를 트럭에 싣고 힘을

보탤 친구들을 불렀다.

"우리는 구덩이에 전신주를 어찌 밀어 넣었답니다." 마이크는 그날의 일을 이렇게 설명한다.

"그 모든 일이 무섭고 무모하고 위험하게 느껴졌어요. 하지만 모두 함께 힘을 보태면 얼마나 많은 일을 해낼 수 있는지 깨달았죠."

통나무집의 기초가 안정되고 벽과 지붕이 자리를 잡자 마이크는 내부로 관심을 돌렸다. 그는 자재를 얻을 수 있는 곳마다 가서 자재를 구해 왔다. 친구들은 그에게 미송 목재를 가져올 수 있는 집에 대해 알려 주었다. 아메리칸 어패럴 매장이 폐점할 때는 진열 선반의 두꺼운 플렉시 유리판을 밴에 싣고 왔다. 마이크는 이 선반들을 천장 채광창으로 바꾸었다. 긁힌 면들은 사포로 밀어 반투명한 느낌을 냈다.

"재료의 느낌에 따라 퍼즐 조각처럼 맞추는 일이 그렇게 재미있을 수가 없답니다."

마이크와 샬롯에게는 각자 자기 자리가 있다. 부부는 이곳에서 식사도 하고 일도 한다. 마이크가 자투리 목재로 의자들을 만들었다.

샬롯과 마이크. 마이크가 들고 있는 머그컵은 부부의 친구인 아야 무토가 직접 만들었다.

마이크가 소파를 만들고 샬롯이
쿠션을 만들었다. 주방에 있는
싱크대는 낡은 건축 자재 더미에
놓여 있던 것이다. 싱크대 위에는
붙박이 식기 건조대 겸 식기
수납장이 있다.

천장 반자틀(ceiling joist, 천장재를 부착하기 위해 가늘고 긴 나무를 짜서 만든 틀)은 전신주의 낡은 **침목**으로 만들었고, 천장은 친구가 쓰던 **은촉이음**(tongue-and-groove, 널빤지의 가운데를 길게 내밀어 만든 은촉을 은촉홈에 끼워 널빤지를 잇는 방식) **전나무 목재**를 가져왔다.

비행기가 뜨고 내리는 것이 보일 만큼 로스앤젤레스 공항과 가깝지만, 주변에는 야생동물도 많다. 스컹크와 쥐뿐 아니라 울부짖는 코요테 무리와 밤새 날카로운 소리로 울어대는 살쾡이, 집 근처에 숨어 지내는 회색여우도 있다. 마이크는 회색여우를 '샬롯의 최애'라 부른다. 통나무집을 개조할 때, 지붕과 벽이 사라진 동안 딱새들이 그 안에 둥지를 틀기도 했다.

통나무집이 조금씩 모양을 갖춰 가는 동안 마이크는 통나무집의 자재와 구조와 하나가 되는 것을 느꼈다. "그 모든 것을 어떻게 연결해야 할지 알 것 같았어요. 이 폭풍의 중심에서 지휘하고 있다는 느낌이 들었죠." 마이크는 작은 공간에서 영감을 발견한다.

작은 공간이야말로 우리가 삶에서 원하는 것이 무엇인지, 우리가 편안함을 느끼려면 필요한 것이 무엇인지를 생각하게 만든다. 그렇게 해서 싱크대 위에 그릇을 말리고 수납하는 3층 선반을 만들었고, 침대 밑에 샬롯의 미술 재료와 종이를 두는 공간을 창조했다.

마이크와 샬롯은 통나무집의 완성에 맞추어 결혼식을 계획했다. 결혼식 밤은 두 사람이 통나무집에서 보낸 첫날밤이었다. "상징을 좀 섞는 것도 재미있는 일이지요." 마이크는 말한다. 샬롯은 마이크의 성을 쓰기로 선택했고, 두 사람은 새집에 '비버스 로지'라는 이름을 붙였다.

통나무집 아래 샤워기를 설치했다. 샤워하고 난 물이 부부가 심은 자두나무와
주변의 자연으로 흘러가기 때문에 친환경 비누를 사용한다.

목수의 집
잉글랜드 데번

Contributed by 배럴 톱 웨이건스
EX Photo by 매트 헤리티지
IN Photo by 아이리스 소스타인도티어

잉글랜드 남동부에 위치한 목수의
집은 예전에 유랑 연예인들이
타고 다니던 포장마차에서 영감을
얻은 오프그리드 구조물이다.
태양 전지판과 최신식 발효
화장실, 장작 화덕을 쓴다. 샤워를
위한 가스보일러와 난방을 위한
라디에이터만 화석 연료를 사용한다.

걸프 군도의 오두막들
캐나다 브리티시컬럼비아주 걸프 군도

Contributed by 오스번 클라크
Photo by 닉 레후

이 네 채의 오두막은 브리티시컬럼비아 앞바다의 걸프 군도에 자리 잡고 있다. 개인 소유의 여름 별장들로 오프그리드 자급자족 공간으로 설계되었다. LED 조명은 태양 전지판으로 전력을 공급한다. 지붕에서는 빗물을 수거해 활용하고, 난방은 장작 난로를 사용한다. 큰 유리창은 자연 채광을 최대화하면서 아름다운 주변 풍광을 감상할 수 있게 한다. 비수기에는 외부의 빈지문(비바람을 막기 위해 덧대는 문으로, 한 짝씩 끼웠다 뗐다 할 수 있다)으로 닫는다.

더블 하우스
러시아 칸달락샤

Contributed by 아트 라소브스키
Photo by 아트 라소브스키,
갈리나 라튜쉬코

몇 년 전, 러시아의 한 건축회사가 자신들이 제작한 조립식 주택 '더블 하우스'를 알렉산더 트룬코브스키와 북부의 오지 마을 칸달락샤에 기증했다. 더블 하우스는 마을 근처 자전거 도로와 등산로, 강 래프팅 장소와 낚시터가 있는 산악 지대에 헬리콥터로 운송되어 여섯 개의 기둥 위에 자리 잡았다. 오두막 벽에는 탈착식 2단 침대 네 세트가 있어서 여덟 명의 여행자를 수용할 수 있다. 가운데 있는 탁자 겸 모임 장소에서는 전면 유리창을 통해 생생한 바깥 풍경을 볼 수 있다.

그램피언스의 오두막

오스트레일리아 빅토리아

Contributed by **폴라와 딘 톰슨**
Photo by **샌디 고다드**

호주의 빅토리아주에서 자란 폴라와 딘은 어린 시절, 학교 가는 길에 버려진 오두막 한 채를 무심히 지나치곤 했다. 몇 년 후

오두막이 헐린다는 소식에 딘은 그 일을 맡겠다고 나섰다. 목재를 재활용할 수 있을 것이라 생각했기 때문이다. 20세기 초에 수입된 발틱 소나무 외장재와 내장재, 바닥재, 그리고 호주산 유칼립투스 목재로 만든 뼈대는 상태가 꽤 좋았다. 딘은 오두막을 해체하면서 원목에 번호를 매기며 건축 방식을 눈여겨보았고, 모든 것을 31마일

떨어진 그램피언스 국립공원 옆 미개발지로 옮겨 갔다. 다시 짓는 데만 2주가 걸렸고, 벽돌로 굴뚝을 올리는 데 2주가 걸렸다. 이 모든 노동을 비롯해 그 이후 이어진 장작 패기와 들새 관찰, 들꽃 찾기 같은 활동 덕에 톰슨 가족의 진정한 목적, 즉 숲으로 떠나 차 한 잔을 마시는 시간이 더욱 아름다워졌다.

에릭의 별장

그린란드 툴레

Contributed by 짐 피어

에릭 라슨은 지상에서 가장
외딴곳 중 하나에 오두막을
지었다. 그린란드 북서 해안의 툴레
공군기지에서 남쪽으로 8마일,

북극에서 고작 941마일 떨어진
곳이다. 라슨은 공군기지에서
취미용품 가게를 운영하므로 가로
8피트, 세로 16피트 구조물을 짓는
데 필요한 모든 목재와 연장을
구하는 게 어렵지 않았다. 어디든
끌고 다닐 수 있는 개썰매와
사륜오토바이도 소장하고 있다.

거주용 막사
캐나다 서스캐처원주 식우드 힐스

Contributed by 크리스털 뷰컷
Photo by 캐리 쇼

'해브'는 캐나다 서스캐처원주 식우드 힐스의 조용한 호숫가에 자리 잡고 있다. 2015년 영화 「마션」에 나오는 거주용 막사에서 이름을 따온 '해브'는, 소유주이자 설계자인 크리스털 뷰컷이 아무도 없는 외딴곳에서도 완전히 기능할 수 있는 자립자족 오프그리드 공간으로 설계했다.

삼나무 소핏(건축 일부의 아랫면이나 처마면)에 검은색 파형강판을 걸친 8×12피트 넓이의 오두막에는 7×7피트의 삼나무 데크가 있고, 내부는 흰색으로 칠한 소나무 합판으로 이루어졌다. 간이침대와 접이식 탁자, 작은 주방, 다락 침실, 퇴비화 변소가 있다. 벽에 걸린 선반에는 책과 주방용품을 보관하고, 간이침대 밑 소나무 상자는 수납공간으로 쓴다.

1인용 객실

스웨덴 고틀란드

Contributed by 디자이너스 온 홀리데이
Photo by 마르크 마구인네스

디자이너스 온 홀리데이 레지던시 프로그램은 다양한 전문가들에게 '유희 공간'을 제공할 목적으로 운영된다. 2017년 발트해의 휴양지 고틀란드섬에 지어진 이 1인용 객실에는 작은 침대가 있고, 문으로도 쓰는 미닫이벽이 하나

있다. 트랙터 뒤에 딱 맞도록 설계되었기 때문에 투숙객들은 매일 아침 색다른 풍경과 함께 잠에서 깰 수 있다. 나무와 금속, 섬유, 아마기름으로 만들어진 이 구조물은 노르웨이의 '가파훅 (Gapahuk)'에서 영감을 얻었다.

가파훅은 스칸디나비아의 많은 등산로에서 볼 수 있는 전통적인 캠핑 구조물로, 세 벽과 지붕, 모닥불 구덩이를 향해 뚫린 출구까지 생활에 꼭 필요한 것으로만 구성된다.

케이준 오두막
미국 콜로라도주 크리드

Contributed by 에이버리와 캣 어거
Photo by 데이비드 O. 말로우

콜로라도주 크리드의 외딴
산동네에 자리한 케이준 하우스는
옛 광산촌 오두막을 2007년에
복원한 곳이다. 주로 재활용
목재로 지어졌고, 활기찬 벽화와
우아한 목조품으로 장식되었다.

'작은 공간' 프로젝트
Bothy Project

Contributed by 보비 니벤, 이언 매클라우드
Photographs by 앤드루 리들리, 조니 배링턴

'보시'는 영국 북부 지역과 스코틀랜드의 이끼 푸른 바위투성이 시골에 흩어져 있는 소박한 피난처다. 이들은 외따로 있고, 오프그리드 주거지이며, 투박하다. '보시(bothy)'는 '작은 공간(booth)'을 뜻하는 고대 스코틀랜드어 '보스(both)'에서 나왔다. 누구에게든 열려 있으며, 자유롭게 사용할 수 있다. 텐트 야영보다 한 단계 위라고 할 수 있지만, 사실 큰 차이는 없다.

역사적으로 보시는 양치기와 길 안내인, 사냥터 관리인들이 묵던 곳이다. 20세기 들어서는 중산층 인구가 등산과 사냥, 낚시를 취미로 즐기면서 휴양 장소가 되었다. 무너져 가는 오래된 보시들이 수선되어 보존되었고, 산악지대보시협회라 불리는 자원봉사 조직의 일부가 되었다.

2010년 화가 보비 니벤과 건축가 이언 매클라우드는 아이디어를 하나 떠올렸다. 스코틀랜드 타이리섬의 오래된 소작 농가를 개조하는 동안 두 사람은 보시를 화가의 아틀리에로, 건축 작업을 위한 작업실로 복원하는 모습을 상상했다. 그들의 오두막은 초청 예술가들에게 피난처를 제공할 것이고, 춥고 습하기로 악명 높은 스코틀랜드의 기후뿐 아니라, 시끄러운 현대적 삶으로부터도 벗어날 수 있는 장소가 될 것이다. '일로부터 멀어지는 휴가지' 대신에 '일을 하는 장소'가 될 것이다.

스코틀랜드 케언곰 국립공원의 삼림 지대에 자리한 인슈리아크 보시.

　　보비와 이언의 협업인 보시 프로젝트는 오두막 한 채에서
시작되었다. 그들은 스코틀랜드 왕립 아카데미 레지던스 프로그램을
통해 보조금을 조금 지원받았다. 그 보조금으로 당시 에든버러
뉴헤이븐 지역의 창고형 아틀리에이자 아트센터였던 에든버러 스컬처
워크숍 주차장에 보시를 지었다.

　　당시 보비와 이언은 그들이 설계한 보시를 지속적으로 보존할 만한
장소를 발견하지 못한 상태였다. 그래서 보시의 디자인은 어디에서도
어울릴 수 있도록 보편적으로 만들어야 했다. 두 사람은
브레인스토밍을 하고, 창작하고, 흙에다 구조물과 배치도를 거칠게
그렸다. '아이가 집을 그릴 때 표현하는' 전형적인 이미지처럼 흔한
형태였다고 이언은 말한다.

　　두 사람은 단순함을 가장 중요시 여겼다. 생존을 위해 꼭 필요한
공간, 이를테면, 부엌과 침대, 난로 같은 것들이 평면도의 반만
차지하도록 했다. 그러면 나머지 공간은 창작 활동을 위해 융통성 있게

(우상) 중이층에서 맥킨토시 사다리
아래로 내려다본 광경.

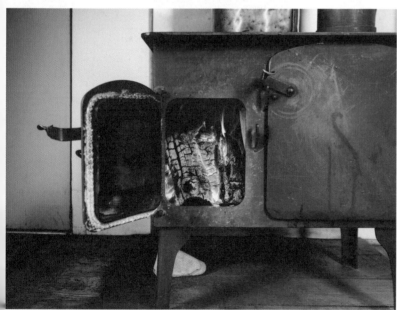

(우하) 윈디 스미시사가 제작한
루이스 레인저 스토브. 오븐과 큼직한
요리 상판이 달려 있어서 작은
오두막에 좋은 요리용 난로다.

배치할 수 있었다. 유네스코 세계 유산이 가득한
도시에서 살지만, 이언은 현대적 디자인을 사랑하는
건축가다. 그는 보시에 현대적이고 단순한 재료들인 파형
강판, 합판, 양모 단열재를 이리저리 배치했다.

두 사람은 보비의 아파트에 남겨진 오래된 유리창들을
가져다 활용했다. 보시가 어디에 있든 폭이 좁고 긴 이
유리창들로 바깥 풍경을 볼 수 있도록 배치했다. 이언에
따르면, 그 창은 "외부 자연과 내부 안식처" 사이를
연결하는 다리였다. 또한 이 유리창들은 벽 공간을
최대치로 남겨 주어 작품을 걸고 싶은 예술가들에게는
중요한 공간이 되었다. 창에는 물푸레나무 마룻널을
재활용해서 크고 육중한 내부 덧문을 달았다. 덕택에
방을 따뜻해질 줄 뿐 아니라, 유리창으로 보이는 검은
어둠도 가릴 수 있다.

또 다른 인테리어 소품은 의미심장한 역사를 지닌다.
보비는 글래스고 예술학교에서 공부했고, 여전히 그곳을
스코틀랜드에서 가장 아름다운 건물이라고 생각한다.
그곳에서 공부할 때 누군가 대형 쓰레기 수거함에 내다
버린 사다리를 하나 발견했다. 맥이라는 이름으로 불리던
그 건물은 영국의 가장 유명한 건축가 레니 맥킨토시의
작품이었다. 보비는 그 사다리도 맥킨토시의 작품인지
확신할 수 없었지만, 그 대학 건물에서 나온 것만은
의심할 여지가 없었다. 2018년에 건물이 화재로 소실되고
말았으니, 그 사다리는 '특별히 소중한 작품'이 되었다.

보시를 만들고 나자, 보시가 있게 될 적정한 장소가
필요했다. 다행히 보비에게 해결의 실마리가 있었다.
2006년 캐나다 밴쿠버에서 대학원을 마치고 돌아온 뒤
그는 예술 현장에서 소진될 만큼 일했다. 한동안 여러
미술관에서 고되게 일한 그는 글래스고의 공동체
텃밭에서 일을 시작했다. 그는 손을 쓰는 일, 만들고
키우는 일, 공동체 건설을 돕는 일이 좋았다. 공동체
텃밭에서 만난 한 친구가 인슈리아크 사유지의 주인이자
관리인인 월터 미클레스웨이트를 그에게 소개했다.
인슈리아크 사유지는 케언곰 국립공원에 자리한
200에이커 면적의 오래된 땅으로, 에드워드 시대풍
전원주택과 많은 블랙페이스 양 떼가 있는 곳이었다.
연어 낚시와 위스키 생산으로 유명한 이 지역은 보시를
위한 이상적인 환경이었다.

하루의 마지막 햇살을 반사하는 아연 도금 파형 강판.

(좌상) 에이그섬 '신의 손가락' 아래 자리한 스위니의 보시.

(좌하) 필요한 물건들만 있는 스위니의 보시 내부. 스코틀랜드 서해안 지도와 상처에 바르기 위한 알로에 베라 식물, 작은 서가, 술, 쌍안경, 탁상용 스탠드가 있다.

(우) 주철 가스 스토브가 있는 작은 간이 부엌.

인슈리아크 사유지에는 침대가 있는 1954년식 오래된 컴머 소방차와 장작 난로가 설치된 16피트 유르트까지 이미 두 개의 숙소가 있었다. 보비와 이언은 보시를 두 가지 용도로 쓰는 방법에 대해 제안했다. 1년의 반 동안에는 보시 프로젝트를 통해 입주한 예술가들의 거처로, 나머지 반 동안에는 월터가 시장 시세로 여행자들에게 빌려 주는 방법이었다. 월터는 이에 동의했고, 이에 보시는 새로운 거처를 기념해 '인슈리아크'라는 이름을 붙였다. 그렇게 해서 보시는 평상형 트럭 뒤에 실려 북쪽으로 2.5마일 운송되었다.

그곳에서 두 사람은 주변의 자작나무와 마가목에 낀 이끼와 어울리게 덧문을 진녹색으로 칠했다. 수공 제작한 윈디 스미시 장작 난로를 설치했는데, 오븐과 큰 요리 상판이 있어서 가정식 요리를 하기에 좋았다. 난로는 요리하고 샤워용 온수를 덥힐 때뿐 아니라 난방에도 쓰인다. 보시 프로젝트는 방수 캔버스 가방을 제작하는 트라케사에 개성 있는 캠핑 샤워백을 디자인해 달라고 의뢰했다. 20리터 용량의 샤워백이 스카우트 그린색으로 디자인되었다. 스코틀랜드 스카우트가 썼던 텐트와 같은 색깔로, 도르래 시스템을 써서 끌어올린다.

이 공간을 방문하는 예술가들은 한 주 동안 머문
경험을 떠올리며 보시 프로젝트 블로그에 게시물을
남겨야 한다. 이곳에 머물렀던 사진가 앤드루 리들리는
블로그에 지역의 독특한 빛을 영화 속의 한 장면처럼
자세히 묘사했다.

"케언곰 산맥 뒤로 떨어지는 태양이 던지는 빛깔은
복숭아, 금괴, 솜사탕, 도시의 환락적인 네온을 떠오르게
한다. 시간이 멈춘 스코틀랜드의 갈색 흙과 하얀 서리,
겨자색과 연보라색 색조 틈 속에서는 결코 있을 수 없는
것들이다."

이곳에 머문 예술가들은 스코틀랜드 고지대의
빼어나게 아름다운 풍경뿐 아니라, 순간순간의 일상에
깊은 인상을 받기도 한다. 모닝 커피 한 잔을 끓이는
기본적인 일조차 정교하고, 거의 의례에 가까운 과정을
거치기도 한다. 난로를 땔 장작을 쪼개고, 불을 피우고,
천천히 물을 끓이고, 엔드루 리들리가 표현한 것처럼
'종교 의례를 집전하듯' 원두를 간다.

"여기에서는 모든 것이 느리다. 그리고 감사가 쉽게
나온다."

2011년, 보시 프로젝트를 시작한 이래 인슈리아크
보시는 또 다른 두 곳의 거주지에 영감을 주었다. 첫
번째는 스코틀랜드의 서해안 에이그섬에 자리한 스위니
보시다. 보비와 이언, 예술가 알렉 핀레이의 협업으로
만들어진 스위니 보시는 캐언곰 산맥보다 훨씬 외진
장소에 자리하고 있다. 에든버러에서 가려면 거의 열네
시간 동안 차로 달린 다음, 한 시간 반 동안 배를 타야
한다. 차는 남겨 두고 가야 하므로 섬을 돌아다니려면
자전거를 타거나 택시를 이용해야 한다.

피그 로크 보시. 스코틀랜드 현대 미술관 정원에 따뜻하게 불을 밝힌
폴리카보네이트 오두막이다.

가장 최근 지어진 보시는 '피그 로크'로, 스코틀랜드
현대 미술관이 의뢰했다. 스코틀랜드 현대 미술관에 석
달 동안 있다가 스코틀랜드 고지대의 수일벤산 등산로가
시작되는 풍광이 빼어난 장소로 옮기기로 예정돼 있었다.
그러나 에든버러에서 너무 인기를 끄는 바람에 한동안
그대로 남아 있게 됐다. 피그 로크는 도시의 보시라는
흔치 않은 건물이 되었다. 시간이 흐른 후 이 보시가
수일벤으로 옮겨 가게 되면, 보시 프로젝트의 세 번째
예술가 레지던스가 될 것이다.

보비와 이언은 8년 동안 동료 예술가들의 자원봉사로
보시를 운영한 뒤 보시 프로젝트를 예술가들을 위한
거처뿐 아니라 '보조금'도 제공하는 비영리단체로 바꿨다.
자립을 위한 보시 스토어도 열었다. 독특한 법랑 식기와
알록달록한 미술용 앞치마와 같은 공예품을 파는 온라인
뮤지엄숍이다. 나아가 보시 스토어는 인슈리아크 보시의
복제품과 같은 새롭고 야심찬 것도 판다. 보시의 주요
특성들을 조립식 생산과 해외 배송에 맞춰 개조한
제품이다. 하지만 스코틀랜드 고지대의 빛이 빚어 내는
독특한 색감과 함께 배송되지는 못할 것이다. 그래도
보비와 이언은, 어느새 처음 시작으로부터 꿈을 향해 참
먼 길을 달려왔다.

시판되는 조립식 아티스트 보시가 눈 내리는 스코틀랜드 고지대를 거쳐
운반되고 있다.

목장 속의 작은 집
미국 오하이오주 벨몬트 카운티

Contributed by 그레그 더튼
Photo by 렉시 리바

더튼 가족은 오하이오 동부
노천광이었던 곳에 600평방피트
넓이의 오프그리드 집을 지었다.
이 지역은 요즘 목장으로
쓰이는데, 이 집은 200에이커
목장의 한가운데 있다. 집 외부는
편백지붕널로 덮었고, 내부는
소나무 반턱이음 목재와 바닥재로
만들었다. 폭이 26피트가 되는
넓은 전면 유리창이 있어서 숲과
계곡을 내다볼 수 있다. 장작
난로로 난방을 하며, 철강 구조를
뼈대로 하는 콘크리트 기둥 덕택에
건물이 땅 위에 떠 있다.

솔방울 집
프랑스 종체리

Contributed by 가스파르 드 무스티에,
에마누엘 드 라 베두와예
Photo by 요안 체보종

프랑스 북부 종체리에 자리한
'솔방울 집'은 주변 숲과 잘
어우러진다. 건축자들은 자연
소재를 우선시했고, 양모 단열재를
썼다. 침실로 쓰이는 '거대
솔방울'은 숲 바닥에서 거의 20
피트 높이의 줄다리로 연결된다.
솔방울 안에 들어서면 2인용
침대가 있고, 탁 트인 지붕으로
별을, 둥근 창들로 주위에 우거진
나무들을 볼 수 있는 목재 골조의
타원형 공간을 만나게 된다. 다리
맞은편은 북유럽식 온수 욕조가
있는 테라스다. 침실로 가려면
다시 줄다리를 건너야 한다.

물 위의 오두막

프랑스 사세 레 몽부종

Contributed by 가스파르드 무스티에,
에마누엘 드 라 베두와예
Photo by 요안 체보종

프랑스 최초의 수상 오두막인
석호의 이 오두막은 배로만 접근할
수 있다. 태양광 전지판으로
전기가 공급되고 담수가 준비되어
있다. 호수에 떠 있는 낙원으로
설계되었다.

참나무 위의 집

프랑스 라레

Contributed by 가스파르 드 무스티에,
에마누엘 드 라 베두와예
Photo by 아텔리에 LAVIT

100살 된 참나무 위에 지어진
새 둥지 같은 나무집은 지상에서
42피트 높이에 위치한다. 98피트
길이의 줄다리로 북유럽식 전용
온수 욕조와 연결돼 있다.

생강 하우스

미국 캘리포니아 볼디산

Contributed by 머라이어 조카이
Photo by 카일 조카이

'생강 하우스'는 1934년 할리우드 세트 디자이너 조지 카이저가 짓기 시작했다. 그는 외관을 마무리한 직후 작업을 중단했고, 이후 집은 거의 30년간 방치되었다. 1975년 머라이어의 부모가 고인이 된 카이저의 부인에게 집을 샀고, 4년에 걸쳐 다시 지었다. 내부의 모든 목공 작업은 아버지 데이븐 그레이가 직접 했다. 목재의 많은 부분은 동네 헛간과 과수원 농가의 폐목재를 재활용했다. 사유지 안에 남아 있는 또 다른 건축물의 벽을 돌로 다시 단장해서 실외 모임 장소로 만들었다.

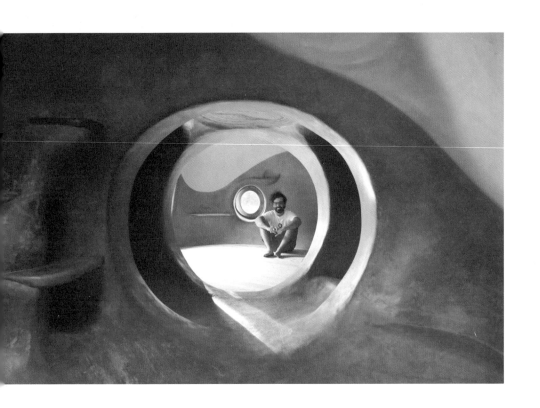

흙으로 지은 집
프랑스 멜벵

Contributed by 브리스 마테

'러브 쉑'은 프랑스 북서부 숲에 숨은 조그만 흙집이다. 미국 밴드 B-52's의 노래에서 이름을 딴 러브 쉑은 브리스 마테가 지었다. "흙으로 집을 짓다 보면 짓는 사람과 자연 사이에 자연스럽게 사랑이 생기죠." 마테는 흙과 짚, 대나무로 구조를 올렸고, 바닥에는 고사리를 깔았다. 지붕은 풀로 덮인 고무 지붕을 썼다. 처음에는 마테 혼자 짓기 시작했지만 머지않아 '함께하는 일'이 되었다고 그는 말한다. 최근 그는 여섯 번째 집을 완성했다.

3형제의 집

미국 뉴햄프셔주 오델

Contributed by 하이디 주얼

뉴햄프셔주 그레이트노스에
자리한 통나무집은 1945년 제2차
세계대전에서 돌아온 삼 형제가
지었다. 그랜빌과 빌, 존 주얼
형제는 모두 세상을 떠났지만,
자녀와 손주들은 여전히 이
통나무집에 따라오는 고즈넉함을
즐긴다. 전기와 수도는 없지만,
맑은 산 공기를 맡을 수 있고,
선창에서 낚싯줄을 드리울 수도
있다. 밤이면 흔들리는 소나무
숲과 칠흑처럼 캄캄한 고미다락이
최고로 깊은 잠을 선사한다.

그리스 케팔로니아섬

바람의 집

Tragata

Contributed by 판텔리스 피페르기아스 아날리티스
Photographs by 마리아나 크신타라키, 머틀 서드브룩

판텔리스 피페르기아스 아날리티스는 그리스 케팔로니아섬에서 태어났다. 그는 인구 4,000명의 도시 릭소우리에서 살았지만, 그곳으로 북쪽으로 5마일 떨어진 아르고스톨리만 끄트머리에서 많은 시간을 보냈다. 외할아버지가 그곳에 74에이커 면적의 농장을 소유하고 있었다. 외할아버지 디미트리스는 그에게 양봉을 가르쳤고, 판텔리스는 할아버지와 함께 일하며 여름에는 양조용 포도를, 가을에는 올리브를 수확했다. "할아버지는 제게 제2의 아버지나 다름없었어요." 그는 회상한다.

판텔리스는 열 살 때 아테네로 이사를 갔다. 어머니가 아버지와 이혼한 뒤 이미 아테네로 옮겨 가 있었다. 몇 년 뒤 그와 어머니는 케팔로니아로 돌아왔고, 그는 거기서 고등학교를 마쳤다. 2005년에는 혼자 공부를 위해 다시 프랑스로 떠났다.

그해 가을 할아버지가 편찮으시자, 그는 아테네 병원에서 할아버지와 마지막 시간을 함께 보냈다. 할아버지는 그 병원에서 돌아가셨고, 판텔리스는 코리아니 농장의 절반을 물려받았다.

10년간 판텔리스는 세계 곳곳을 여행하며 이탈리아와 일본, 미국에서 살았다. 베를린에서 심리학 박사 공부를 했고, 다큐멘터리 영화를 제작했으며, 일곱 명의 학생들과 공동 아파트에서 살았다. 전공은

풍경을 다채롭게 조망할 수 있도록 아래쪽 판벽을 열 수 있다. 바닥 밑에 단이 하나 더 있어서 수납에 쓸 수 있다.

심리학이었지만, 그는 다양한 분야에 폭넓은 관심을 지녔다. 그는 '현실'과 '온라인'에서 이루어지는 의사 결정에 대해 주로 연구한다. "제가 학자가 될 거라고 예측한 사람은 아무도 없을 겁니다." 그는 현재 덴마크 고등 연구원 조교수이다.

할아버지가 돌아가신 뒤 판텔리스는 여름이면 케팔로니아에서 지냈다. 2013년에는 그곳에서 미술 전시회를 열기도 했다. 그 뒤 2014년 1월과 2월, 두 차례의 큰 지진이 섬을 덮쳐 코리아니 농장 여러 곳을 파괴했다. "정서적으로 힘든 시기였다."라고 판텔리스는 회상한다. 동시에 지진 피해는 그곳을 재건하고 비전을 세우는 동기가 되었다.

그는 친구 몇 명을 모아 이곳에 국제 공동체를 창조해 보자고 제안했다. 친구들이 점점 늘어나 여섯 개 나라, 스물두 명으로 구성된 집단으로 커졌다. "우리의 꿈은 이 농장을 씩씩한 여행자들의 모임 장소로 만드는 것입니다. 세상을 탐험하고 이곳으로 되돌아와 이야기를 공유하고 창조할 수 있도록 하는 것이죠."

판텔리스는 할아버지와 함께 전통적인 작물재배 말고도 농장에 어떤 잠재적 용도가 있는지 의논한 적이 있었다. 그 후 라틴아메리카의 우핑(유기 농가에서 일을 도와주고 숙식을 제공받는 글로벌 네트워크 활동)과 이스라엘의 키부츠, 독일의 공동 거주 프로젝트, 미국 뉴욕주 북부의 비버 브룩에 이르기까지 공동체적 삶의 다양한 방식을 접하면서 코리아니 농장에 대한 계획이 뚜렷해졌다.

2016년 여름, 판텔리스는 베를린의 건축 집단 스튜디오 게누아와 함께 케팔로니아로 돌아왔다. 건축에 관한 '이론 공부'보다는 '실기 공부'를 갈망했던 건축과 학생들과 친구들로 이루어진 집단이었다. 처음 판텔리스는 이들이 농장에 집을 지어 주기를 바랐다. 그러나 위치를 선정하고 설계하는 일과 그리스의 악명 높은 건축 관료주의를 헤치고 나가는 것을 함께하는 것은 너무나도 힘든 일이었다.

갈대로 덮은 골조는 환기가 잘 된다. 케팔로니아의 뜨거운 여름철에 바람이 잘 통하는 휴식처로 쓰이는 전통적인 트라가타의 용도를 반영했다.

(좌상) '트라가타'는 올리브 농장 위에 떠 있다. 일단 주심 골조가 자리를 잡자, 마리나와 머를, 스테파노가 첫 번째 판벽을 달기 시작했다.

(좌하) 머를과 마리나가 판벽을 끼우고 있다. 며칠 동안 다양한 끼우기와 엮기 방법을 실험한 뒤 마침내 가장 좋은 방법을 찾았다. 겨울이 다가오면 판벽들은 습하고 바람 부는 케팔로니아의 기후에 대비해 제거되었다.

(우) 올리브나무 사이에 자리한 '트라가타'는 태양으로부터 숨을 장소일 뿐 아니라, 조용히 물러나 생각하고 쉬는 은둔처가 되기도 한다.

(이전 쪽) 동쪽과 남쪽 판자를 열면 아르고스톨리만과 티니아 산맥이 전망에 들어온다. 9평방미터 바닥에서 네다섯 사람이 잘 수 있다.

스튜디오 게누아는 하얀 돌과 푸른 바다가 보이는 농장 풍경을 찬찬히 살피며 이곳에서 시도할 만한 프로젝트를 논의했다. 그들은 주변을 걸어 다니며 고대 그리스부터 한때 만에 살던 해적에 이르기까지 지방의 역사에 얽힌 이야기들을 들었다. 판텔리스는 농장에서 친구들과 함께 지내며 할아버지가 말씀하셨던 '트라가타'를 떠올렸다. 트라가타는 이오니아 지역 농장의 과실수와 올리브나무 위에 떠 있는 나무집 같은 전통 구조물이다. 그는 할아버지가 과수원에서 일을 하다가 열기를 피해 형제들과 함께 트라가타의 그늘로 들어가곤 했던 것을 희미하게 기억해 냈다. "희미한 기억이었는데 할아버지가 돌아가신 뒤로 되살아나기 시작했지요." 판텔리스는 말한다.

트라가타는 저렴한 비용으로 빠른 시간 안에 지을 수 있기 때문에 판텔리스의 공동체 농장을 위한 첫 프로젝트로 이상적인 듯했다.

그러나 더 현대적이고 영구적인 건축물이

케팔로니아섬의 트라가타 전통을 이미 대체한 지 오래기 때문에 판텔리스에게는 트라가타에 대한 기억이 흐릿했다. 그리고 이 건물에 대한 기록도 거의 남아 있지 않아서 설계의 출발점으로 삼을 만한 것이 많지 않았다. 그가 아는 것이라고는, 트라가타는 지역에서 나는 사이프러스 목재로 지었고, 아주 단순한 야외 쉼터로, 피신처로 쓰였다는 사실밖에 없었다.

판텔리스는 그리스의 건축 집단 히북스에 도움을 청했다. 그해 가을, 스튜디오 게누아도 아테네로 건너갔다. 독일과 그리스의 두 건축 집단은 아테네에서 만나 며칠 동안 이런저런 모형을 만들었다. 그 결과, 이오니아의 전통적인 나무집을 현대적으로 해석한 디자인이 탄생했다. 지역에서 나는 갈대로 판벽을 덮은 형태였다. "제가 기여한 부분은 아주 작아요." 그는 두 건축 집단과 독일에서 온 도목수 클레멘스 리넨슈미트의 공이 크다고 말한다.

2017년 8월, 두 건축 집단은 세계 곳곳의 친구들과 함께 섬으로 돌아와 트라가타를 짓기 시작했다. 처음에 그리스의 건축 집단은 일꾼을 고용하길 원했다. 그러나 스튜디오 게누아는 자신들의 손으로 직접 만들고 싶었다. "'아닙니다. 우리가 직접 지을 겁니다!'라고 외쳤죠. 끝내 우리는 그들을 설득했어요."

전통적인 트라가타는 사이프러스 목재로 만들지만, 2년 정도만 견딜 수 있게 지어진다. 트라가타의 수명을 연장하기 위해 뼈대에 쓸 가문비나무 기둥을 수입해 왔다. 외부를 덮을 판벽은 코리아니 농장의 개울에서 자라는 갈대를 손으로 거두어 껍질을 벗기고 엮었다. 고된 일은 태양의 공격을 받지 않는 이른 아침과 저녁에만 할 수 있었다. 판텔리스와 친구들, 그리고 동료들은 아침 6시에 일어나서 한낮의 시에스타 전까지

최대로 일했다. 스물두 명 모두가 판텔리스의 할머니 엘레니와 함께 소유지에 있는 집에서 머물렀다. 80대 초반인 할머니는 근처 릭소우리에 살며 여전히 농장을 자주 오간다.

"할머니가 계실 때면 우리 모두 할머니를 따를 뿐이죠."

할아버지가 세상을 떠난 뒤 할머니는 나무를 심고 돌담을 쌓으며 농장을 관리했다.

"일을 많이 하셨어요. 할머니의 노동으로 이렇게 많은 사람이 혜택을 받았으니 뿌듯하실 거예요."

2주 동안 할머니의 집에 젊은 사람이 북적였다. 할머니가 바닥에 깔아 준 매트리스부터 해먹, 텐트에 이르기까지 사람들은 곳곳에서 잠을 잤다. 판텔리스가 묘사한 대로, 기운을 북돋워 주는 어릿광대(팔레스타인

건축가 마헤르 살라메흐)부터 '다큐멘터리
제작자(네덜란드 인류학자 헤르베르트 폴흐만)'에
이르기까지 모두 할 일이 있었다. 그렇게 해서 태양은
피하되 짠 바닷바람은 느낄 수 있는 나무 위 공중
요새가 탄생했다.

(우) 드디어 한숨 돌리는 클레멘스.
건축가가 되기 전에 목수였던 그는 이
공사를 진두지휘했다. 그의 기술이
없었다면 트라가타를 짓지 못했을 것이다.

(좌) 2주간의 고된 노동 끝에 머를과
클레멘스, 판텔리스, 루이스가 편안히 몸을
기대고 트라가타로 들어오는 부드러운
햇빛을 즐기고 있다.

사이프러스 기둥을
수직으로 배치하는
전통적인 트라가타와
달리, 판텔리스의 현대적
트라가타는 기둥을
대각선으로 배치한다.

판텔리스와 그의 공동체는 이제 코리아니 농장을
위한 다음 프로젝트를 계획하고 있다. 무엇을 하든
농장의 관개 시스템을 확장해야 할 것이다. 할아버지는
농장을 관통하는 작은 개울의 방향을 바꾸기 위해
수로를 팠고, 그 수로들이 현재 재배하는 작물에 물을
공급한다. 농장에는 아몬드와 오렌지, 배, 사과, 레몬,
살구, 석류, 무화과가 자란다. 요즘 판탈리스는 그곳의
샘물로 또 다른 작물들에 물을 줄 방법을 찾고 있다.
라벤더와 타임, 오레가노와 같은 허브를 비롯해 섬에서
야생으로 자라는 식물들을 키울 예정이다.

판텔리스는 농장에 국제적인 공동체를 창조하겠다는
꿈이 하룻밤 사이에 실현되지 않을 것이라는 점을
인정한다. "그 아이디어를 구체적으로 실현하는 것은
여전히 불확실한 일이지요." 그는 말한다. "트라가타를
짓는 일은 그 길을 향한 첫 번째 무모한 실험이었어요.
무엇보다 추억과 강한 유대감을 만들었죠."

그렇다면 할아버지 디미트리스는 코리아니 농장에
대한 그의 비전을 어떻게 생각할까? "할아버지는
이곳이 활기를 되찾아서 기뻐하실 거예요." 하지만
우려도 한다. "할아버지 마음에 완전히 들지는
모르겠어요." 그는 할아버지라면 농장에서 가족끼리
하는 일을 꿈꿨을 것이라고 생각한다. 물론 가족을
꾸리는 데는 하나의 길만 있는 것은 아니다. 그리고
판텔리스는 자신만의 길을 찾았다.

글램핑 오두막

호주 군다가이

Contributed by 데이비드 퍼거슨
Photo by 힐러리 브래드포드

데이비드 퍼거슨이
뉴사우스웨일스주에 있는 가족
소유의 소와 양 목장에 지은
오프그리드 글램핑 오두막으로

호주의 관목 숲을 굽어보는 언덕에
자리 잡고 있다. 도시인들을
위한 디지털 디톡스 숙박지로
고안되었다.

미니멀리즘 산장

호주 애들레이드 힐스

Contributed by CABN

사우스 오스트레일리아주에 자연
목재로 지은 집이다. 오프그리드로
미니멀한 실내가 실외와 잘
융합되도록 디자인되었다.

맥거번 주택
미국 워싱턴주 포머로이

Contributed by 스벤 홀트

스벤은 조부모가 1970년대
백투더랜드(back-to-the-land)
운동 동안에 지은 이 집을
파트너와 함께 수리했다.

조부모인 빌과 이블린 맥거번
부부는 우마틸라 국유림에서
목재를 구해 왔고, 공사 현장과
철거 현장, 중고가게에서 자재를
구해 재활용했다. 부부는 본채
통나무집뿐 아니라 지하 저장실과
화분 창고, 손님방, 퀀셋(군대
막사나 창고, 주택으로 쓰이는
길쭉한 반원형의 간이 건물)도
지었다.

예술 창작 공간
미국 뉴저지주 스파르타

Contributed by 닐 쿠퍼

스테인드글라스 창으로 지은 이
작은 오두막은 완전한 창조적
자유를 위한 예술 창작 공간으로
만들어졌다. 자연을 소재로 한
스테인드글라스가 재활용 창틀을
가득 채우고 있다.

제이슨이 만든 집

캐나다 앨버타

Contributed by 제이슨 프린스

도시 생활의 탈출구로 중부
앨버타에 50년 된 자재로 지었다.
공방에서 쓰던 금속판과 오래된
농장에서 가져온 헛간 목재와
산호색 목재를 재활용했다. 내부는
제이슨이 직접 자른 가문비나무
목재로 마감했다.

산속의 평화

노르웨이 드라멘스마르카

Contributed by 다그 에클렌드 로흐네 모혼
Photo by 프뢰위세 노르스케헴

다그 에클렌드 로흐네 모혼은
노르웨이의 항구 도시 다르멘
외곽에서 우연히 낡은 이
통나무집을 발견했다. 지붕에
구멍들이 뚫려 있었고, 나무가 썩어
가는 버려진 집이었다. 그래도 노치
방식으로 쌓은 둥근 통나무 목재와
우아한 건축 양식 덕택에 여전히
아름다웠다.

무엇보다 감동적인 이야기가
함께했다. 1930년대 지어진 이
집에는 2차 세계대전과 독일
점령기에 반나치 저항 운동을 하던
활동가들이 머물렀다. 무엇보다
다그는 자신이 그 집을 복원할 수
있을 거라는 확신이 있었다.

그는 주인을 찾아내 가격을
흥정한 뒤 2년에 걸친 개조 작업을
시작했다. 전통적인 도구와 자재를
사용해 대부분의 일을 직접 했다.
소유지에서 베어 낸 나무를
사용했고, 아마씨 페인트로
통기성을 최대화했다. 거실 겸
주방에는 오래되고 아름다운
주철 오븐을 달았다. 요즘 그는 이
집을 가족 여행 장소로 쓰거나,
재택근무 사무실로 쓰기도 하고,
늦은 밤 산악자전거를 타고
들르기도 한다. "죽기 직전의
상태였어요. 흙으로 되돌아가는
단계였는데, 제가 구했죠."
경이로운 부활이라고 그는
생각한다.

소몰이 합숙소
미국 몬태나주 하이우드 산맥

Contributed by 브라이언 리우
Photo by 리우/툴박스 DC

'소몰이 합숙소'는 미국 몬태나주 중북부 하이우드 산맥에 있다. 거의 한 세기 전에 지어진 이 원룸 통나무집은 해마다 5만 에이커의 삼림지에서 벌어지는 소몰이 기간에 여덟 명의 카우보이가 사용한다. 영화 제작자 브라이언 리우는 사라져 가는 미국의 전통을 다큐멘터리 「유일하게 남은 소몰이 전통(Only Roundup Remains)」에 담기 위해 7년 동안 이곳을 찾았다.

제나가 손수 지은 집
Hillside Homestead

Contributed by 제나 폴라드
Photographs by 제나 폴라드, 케이시 폴라드

제나 폴라드는 길들여지지 않는 자유로운 영혼의
소유자다. 제나의 고조부모님은 1880년대 말 아일랜드와
스웨덴에서 이곳으로 이민을 왔다. 작은 소읍인 킴볼
외곽에 있는 그들의 농장은 모계, 곧 어머니에게서
딸에게로 쭉 대물림되었다. 제나의 어머니는 그녀의
어머니로부터 농장을 물려받았고, 제나도 언젠가 농장을
물려받게 될 것이다.

제나의 가족은 바람 부는 북부 대초원에 자리 잡은 지
오래다. 하지만 스스로 '젊고 진보적인 독신 레즈비언
여성'이라 정체화하고 있는 제나에겐 킴볼이 자신의
고향처럼 느껴지지 않았다. 그런 그녀가 고향으로
돌아왔다. 상실을 겪었기 때문이다. 당시 미네소타에
살고 있던 스물여섯 살 그녀는 6년 동안 만나 온 연인과
헤어졌다. 제나와 그녀의 파트너는 오프그리드 공동체
드림에이커 농장에서 함께 살았다. 두 사람은 함께 살
집을 짓길 바랐다. 그들의 관계가 끝나면서 계획은
불발되었지만, 자기만의 집을 갖겠다는 제나의 바람은
오히려 더 강해졌다.

"통나무집을 종이에 수백 장 쓰고 그렸고, 심지어 판자
상자로 입체 모형도 몇 개 만들었답니다. 고통을 잊기
위해, 손을 써서 할 만한 생산적인 일이 필요했어요."

제나는 처음에 미네소타에서 땅을 사려고 알아봤지만,
엄두도 못 낼 만큼 어마어마한 돈이 필요했다. 그러자

집을 짓기 시작한 지 1년 뒤 통나무집이 완성되었다. 포치와 본채에 비스듬한 지붕을 잇댄 창고, 금속 외벽과 삼각 버팀대가 바람을 막아 준다.
미닫이문을 밀고 닫는 빨간색 장치는 할아버지의 공구 창고에서 가져왔다.

어머니는 제나가 어린 시절을 보냈고, 언젠가 물려받게 될 가족의 땅에 통나무집을 짓는 것이 어떻겠냐고 제안했다. 86에이커 면적의 그 땅은, 가족 농장이 여러 세대를 거치며 분할된 일부였다. 담장이 완전히 둘려 있지만 나무나 건물은 없었다. 인구가 희박해 시야에 또 다른 집 한 채도 들어오지 않는 곳이었다.

집을 짓기 위해 제나는 가족 농장에서 야영을 하며 6주를 보냈다. 우선 어머니에게 사유지를 걸어 다니다가 통나무집 자리라는 느낌이 오는 곳에 멈춰 달라고 했다. 어머니의 걸음이 멈춘 곳에 집을 지을 생각이었다.

제나는 말한다.

"집터를 어머니가 선택하도록 한 것은 이 땅에 대한 어머니의 소유권과 이곳에서 이룬 그녀의 역사에 대한 존경을 표현하기 위해서였죠."

그 뒤 제나는 지역의 제재소에서 블랙힐스 폰데로사 소나무 2만 4,000파운드를 주문했다. 그녀는 나무를 사서 직접 켜고 건조하는 대신, 거칠게 켠 목재, 즉 최소로 가공된 목재를 사는 방법으로 돈을 절약했다. 아버지의 직장에서 트레일러 트럭을 빌려 목재를 직접 끌고 오는 방법으로 운송비를 아꼈다. 당시에는 소나무좀 감염으로 목재가 과잉 공급되어 가격이 떨어졌던 터라 부담 없는 가격에 목재를 구입할 수 있었다. 소나무좀의 다리에 붙어 전염되는 균 때문에 목재에는 파란 얼룩이 묻어 있었다.

제나가 목재를 살 때만 해도 그런 얼룩을 결함으로 여겼다. 하지만 요즘에는 오히려 그 독특한 특성 때문에 '데님 목재'라 불리며 인기를 끈다.

골조와 서까래, 지붕, 마룻장, 외벽, 바닥, 현관, 별채에 쓰인 목재 값으로 제나는 2,900달러를 썼을 뿐이다. 통나무집을 통틀어 들어간 비용은 7,000달러가 채 넘지 않았다.

부엌은 새것과 오래된 것이 조합되었다. 할머니의 앞치마와 주철 프라이팬, 음식 저장을 위한 유리병들, 재활용 타일, 헛간과 창고에서 가져온 목재, 2구 가스 스토브가 있다.

제나는 모든 것을 직접 지었다. 미네소타주의
드림에이커 농장과 아이오와주 와일드로즈 목공소
스승들에게 배운 기술로 한 달 반 동안 전통적인 목골조
양식으로 목재를 배치하고 깎았다. 그녀가 '힐사이드
홈스테드'라고 이름 지은 통나무집은 폭 12피트에 길이
16피트에 불과하다. 골조를 지탱하기 위해 금속 나사나
볼트, 조임쇠는 하나도 쓰지 않았다. 골조가 완성되자,
제나는 친구 열다섯 명을 불러 모았다. 그들은 함께
통나무집을 올렸다.

"제 삶에서 가장 힘이 나고 감동적인 경험 가운데
하나였어요."

제나는 금속 못을 사용해서 지붕널을 골조에 붙였다.
폰데로사 소나무 목재로 만든 보호막이었다. 그 위에
지붕을 덮은 뒤 골조가 자리를 잡도록 두 달 동안 가만히
놔뒀다. 그녀는 나뭇결을 찢거나 누르지 않고 있는
그대로 살리는 전통적인 사각 못을 아낌없이 썼다.
마침내 마룻바닥과 측벽 작업을 마치고 100년 된
유리창을 달았다.

2015년 초겨울까지도 건축은 여전히 진행 중이었다.
제나는 철마다 변화가 심한 사우스다코다주의 날씨에
따라 일했다. 겨울에는 단열재와 장작 난로를 설치했다.
봄에는 별채를 지었다.

제나는 집을 짓는 경험을 블로그에 기록하면서 뼈대를
세우는 일이 워낙 중요한 일이다 보니 이후의 단계들은
그에 비해 소소하게 느껴졌다고 썼다. 제나는 다락에
지붕을 미처 덮지 못한 동안 그곳에서 몇 주를 보냈다.
"아름다운 목골조를 밖에서 더 이상 볼 수 없는 게
아쉬워서 외벽을 하나씩 덧댈 때마다 망설여졌다."라고
그녀는 말한다. "하지만 이제 밤 기온이 떨어지고 있으니
벽과 유리창과 앞문이 있다는 게 고맙다. 머지않아 특히
장작 난로에 고마움을 느끼게 될 것이다."

제나는 다락 창문을 침대 높이에 맞춰 동향으로 배치했다. 아침이면 눈높이에서 뜨는 태양에 잠이 깬다. **침대는 목재 팰릿**(pallet, 가로, 세로의 길이가 일정한 깔판으로 화물을 쌓는 틀이나 대로 쓴다.)**으로 만들었고, 깃털 누비이불 커버는 할머니가 미처 끝내지 못한 퀼트다.**

제나는 남들이 당연하게 영위하며 살아가는 두 가지를 만들지 않기로 결심했다. 바로 전기와 실내 상하수 배관 시설이다. 대신에 급수탑을 설치해 중력을 이용해 샤워할 수 있게 했다. 처음 그녀가 꿈꾼 대로, '시간을 되돌린 듯한 통나무집'이 되도록 조금씩 조금씩 집을 개조하고 있다.

그러나 사우스다코타는 힘든 환경이다. 사우스다코타주 중부의 날씨는 극단적이다. 여름은

대체로 덥고 건조하고 바람이 불며, 봄과 가을에는 비가 쏟아져 집으로 오는 흙길로 차가 다닐 수 없다.(토양이 점토와 모래가 섞여 비가 오면 대단히 미끄러워진다. 걸쭉한 스튜 같은 질감 때문에 지역 사람들은 이를 '검보(gumbo, 오크라를 비롯한 채소와 고기나, 해산물을 넣어 걸쭉하게 끓인 스튜)'라 부른다.)

길이 이런 진흙탕이 될 때면 제나는 집으로 오는 마지막 반 마일을 걸어와야 한다. 겨울에는 눈보라가

(좌) 지붕판을 정확한 길이로
측량하는 시간을 아끼기 위해 못질한
다음 나무를 잘랐다. 전동 공구를
작동하기 위해 발전기를 사용했고,
가파른 지붕에서 작업하기 위해 암벽
등반용 안전벨트를 착용했다.

(우) 제나는 집을 짓는 동안 맨발로
지냈다. 맨발일 때 균형을 더 잘
잡으면서 미끄러지지 않을 수 있다.
무엇보다 더 자유로운 느낌이 든다.

치고, 비 바람이 빈번하게, 그리고 맹렬하게 분다.
"바람이 풍경을 규정하는 것이다."

제나는 지역의 강풍과 토네이도를 최대한 견딜 수
있도록 집을 지형에 맞춰 지었다.

그러나 가족이 150년간 살아온 이 지역을 제나가
힘들어하는 데는 더 깊은 원인이 있다. 제나는 MBTI
'E'형에 해당하는 외향적인 사람이지만, 킴볼에서는
가깝게 지낼 친구를 찾는 일이 쉽지 않다. 이웃들은 '믿기
어려울 만큼' 친절하고 너그럽다. 하지만 주민 700명과
주점 몇 곳, 은행 한 곳, 식료품점 한 곳, 우체국 말고 거의
아무것도 없는 이곳에서 제나는 자신과 비슷한 성향의
사람들을 만나는 것이 쉽지 않다.

"공동체를 만들어 가는 일은 이제 제 몫이 되었죠."
제나는 말한다.

"묻지도 말하지도 말라.'가 이 지역에 널리 퍼진
모토예요. '너는 너고 나는 나다.'가 또 다른 모토죠. 저는
이 지역을 사랑합니다. 주말이면 동네의 스모킨
뮬─예전에는 백 포티였고, 그전에는 클린츠
앤티크였던─에서 맥주 한 잔을 마시며 라이브 음악을
듣지요."

다가오는 여름에 제나는 농장에서 되도록 많은 시간을
보내며 일을 할 생각이다. 나무를 심고, 집수 시설을
개선하고, 친구와 우프 자원봉사자들이 방문할 때 머물
텐트용 데크를 지을 계획이다. 그럼에도 제나는 평원의
삶으로 다시 되돌아가는 데 시간이 필요하다는 것을
알고 있다.

제나는 블로그에 이렇게 기록했다.

"탁 트인 초원 위 삶의 강렬함에 다시 적응하는 데
며칠이 걸렸다. 하지만 바람이 몰아치는 날들이
봄바람이 살랑대는 따뜻하고 화창한 날들에 천천히 길을
내주면, 발가락이 들썩이는 것 같다. 봄이 오고 있다.
나는 사우스다코타와 다시 사랑에 빠지는 중이다."

겨울바람에 대비해 제나와 자원봉사자는 외벽을 뜯어낸 뒤 타르지로 감싸고, 공기층으로 1인치 두께의 폼시트를, 마감층으로
보드앤배튼(board-and-batten, 넓은 세로 널빤지 이음새에 가늘고 긴 목재를 덮어 공기가 통하지 않게 하는 판자벽 시공법) 판자벽을 둘렀다.

사슴이 찾는 집

칠레 프루티야르

Contributed by 니콜라스 델 리오,
델 리오 아르키텍토스 아소키아도스
Photo by 펠리페 카무스

이 완전한 오프그리드 집은 칠레의
북파타고니아 호수 지역에 있다.
목재는 모두 오래된 건축물에
쓰이던 것을 재활용했다. 지붕널은
오래된 헛간에서 가져왔고,
들보와 널빤지는 썩어 가는 집에서
가져왔다. 물은 빗물을 모아서
쓰고, 전기는 태양 전지판으로
공급한다. 난방은 벽난로로
하는데, 하루에 장작 한 짐이면
충분하다.

솔송나무 집
미국 뉴욕주 캣츠킬

Contributed by 피터 허시
Photo by 모니크 크랩, 캐트린 힐데브란트

뉴욕주 캣츠킬 산맥의 폰드
하우스는 2001년 10대 친구 둘의
대학 프로젝트로 시작되었다.
그러나 세월이 흐르고 피터 허시와
게릿 기브스가 결혼을 하자, 두
사람의 오프그리드 스트로베일
(벼, 귀리, 밀 등의 짚을 육면체
형태로 압축한 것) 건축 실험은
가족이 매달리는 일이 되었다.
피터와 게릿은 크리스토퍼
알렉산더와 로이드 칸과 같은
저명한 건축가로부터 영감을
얻었다. 지역에서 베고 제재한
솔송나무로 뼈대를 지었고 재활용
건축 자재로 문을 만들었다.

근처 농장에서 가져온
스트로베일은 단열벽이 되었고
회반죽과 흰 석회 도료로
마감되었다.

이 집은 세월이 흐르면서 새로운
손님들과 함께 진화했다. 두 친구의
스승인 클라크 샌더스 부부의
딸이 게릿과 결혼하여 그들을
떠나자, 샌더스 부부는 이 집으로
이사를 왔다. 그들 부부는 옥외
샤워실과 주방을 바꿨고, 먼
곳에서 수집한 직물들을 더했다.
두 친구의 가족들은 동북부에
흩어져 있지만, 여전히 이곳을
가족을 위한 별장으로 쓴다.

지오데식 돔

미국 캘리포니아 포인트 아레나

Contributed by 마리나 에드워즈
Photo by 브라이언 보겔게생

캘리포니아 북부의 외딴 지역에
위치한 이 지오데식 돔(geodesic
dome, 짧은 직선 부재를 사용한
다면체들로 이루어진 반구형 돔)
은 태평양 연안의 유기농 농장에
지어졌다. 배불뚝이 난로와 이층
침대 둘, 부엌과 식사 공간, 꿈을
꾸는 듯한 지오데식 유리창 밑으로
침대가 하나 더 있다.

마지 바지선

캐나다 브리티시콜럼비아주 골든

Contributed by 데이비드 라츨라프
Photo by 데이브 베스트

데이비드는 처음에는 이 집을
육상 통나무집으로 지었지만,
킨바스케트 호수의 수위가 곧
달라질 것이라는 사실을 알게
되었을 때 얼른 조취를 취해야
했다. 동네 벌목꾼의 충고에 따라
수면이 상승하기 전 한 주 동안
통나무 바지선(운하와 하천,
항내에서 사용하는 밑바닥이
평형한 운반선)을 지었고, 아내
마거릿 루스의 이름을 따서 '마지
바지'라 이름을 지었다. 강 위에
떠 있는 이 통나무집은 완전한
오프그리드 주택이다. 데이비드와
마거릿, 그들의 손주들은 1년 내내,
여름에는 피서를 위해, 겨울에는
얼음낚시를 위해, 이 바지선을
방문해 즐거운 시간을 보낸다.

나무꾼의 은신처
잉글랜드 사우스 데번

Contributed by 라이프스페이스 캐빈스
Photo by 댄 데이먼트

잉글랜드 남서부 300에이커 면적의
사유지에 자리한 나무집이다. 궂은
날씨를 피하는 공간이자, 주변의 시골
풍경과의 조화를 이루는 공간으로
지어진 이 맞춤형 집에는 크리털 이중
유리창과 코르텐 파형 강판, 주문
디자인한 걸쇠와 손잡이, 요트 장비로
작동되는, 특별히 공들여 만든 덧문이
달려 있다.

227

A자형 오두막

잉글랜드 펨브룩셔

Contributed by 피터 해스켓,
시오반 알렉산드라

시오반과 피터는 그들의 오두막을 웨일스 시골에 천천히 지었다. 다 짓는 데 2,000파운드(약 2,600 달러)밖에 들지 않았다.

두 사람은 자연을 즐기고는 싶었지만 대출금에 속박되고 싶지는 않았다. 그래서 1년 반을 들여 자재를 모았다. 이중 유리 제작회사에서 버린 유리를, 주택 수리 현장에서 버린 목재를 가져왔다. 또한 지역에서 구할 수 있는 웨일스 낙엽송을 썼다. 그 결과, 느린 삶과 느린 요리를 위한 장소가 탄생했다. 사다리로 올라가는 다락 침실과, 거실, 장작

버너가 있는 주방, "동화 같은 숲" 을 넉넉히 담아내는 큰 유리창이 있다. 유리창을 통해 이끼로 뒤덮인 참나무와 개암나무, 버드나무, 다양한 새와 박쥐, 여우, 두꺼비, 개구리, 먹가뢰가 보인다.

리버 목장의 별장
미국 캘리포니아주 폴 리버 밸리

Contributed by BCV 아키텍처 + 인테리어스
Photo by 브루스 다몬테

'리버 목장의 별장'은 캘리포니아
북부의 외진 농업 지대에 있다.
거칠게 켠 미송과 삼나무, 결이
곧은 미송 합판으로 지은 이 1,300
평방피트 별장은 여러 가족이 함께
묵을 수 있도록 설계되었다.

럼버랜드 통나무집
미국 뉴욕주 럼버랜드

Contributed by 노아 칼리나

럼버랜드 통나무집은 1986년
델러웨어 강 근처 5에이커 면적의
외진 땅에 사냥용 원룸으로
지어졌다. 침실 하나와 일광욕실
겸 독서실 하나를 갖춘 곳으로
수리하면서 밀린 독서를 하고 글을
쓰기에 완벽한 장소가 되었다.

새들의 집
Bird Box

Contributed by 대미언 메이너드
Photographs by 마르크 하브돈

대미언 메이너드는 그다지 부유하지 않은 집에서 자랐다.
그의 표현에 따르면, "항아리에 모아 둔 돈이 많지 않은
홀어머니의 아들"이었다. 하지만 일찌감치 건축과 목공에
재능을 보였고, 자신의 기술을 야심찬 프로젝트에 적용할
줄 알았다. 젊은 시절에는 브라이튼 대학의 실습실에서
일하며 건축과 학생들에게 건축 기술을 가르쳤다.

잉글랜드 남해안의 휴양 도시인 브라이튼에서
대미언은 짐 윌슨을 만났다. 처음에는 동료로 만났고, 곧
친구이자 들새 관찰을 함께 다니는 단짝이 되었다.
"우리는 설계에 대한 열정과 괴짜들처럼 새를 관찰하기
위해 잠복 대기하는 일에 대한 애정을 공유한다."고
대미언은 말한다. 여러 해 동안 두 사람은 새 관찰을 함께
다니며 숲속에 사람이 들어갈 수 있는 거대한 새집을
짓는 환상을 품었다.

대미언은 자신이 얼마나 새에 감탄하는지에 대한
일화를 하나 들려주었다. 어느 날 까마귀가 나무에서 언
사과를 따서 입에 물고는 가까운 굴뚝으로 날아가 굴뚝
위에 올려놓는 모습을 보았다고 했다. "애플 슈트르델
(strudel, 과일, 특히 사과를 얇은 밀가루 반죽 안에 넣어
구운 페이스트리)이 되었어요! 영리한 녀석이죠."

2017년 겨울, 보름달이 뜬 영하의 날씨. 장작 난로가 설치되기를 기다리며⋯

고향인 잉글랜드 남서부 데번에서 대미언의 어머니는
그와 그의 두 여동생을 시골로 데리고 다니곤 했다.
그들은 자연 속에서 소풍을 즐기고, 바닷가에서 파도와
놀고, 바위 사이 작은 웅덩이들을 탐험했다. 가족은
언제나 아름다운 전원이 있는 곳으로 이곳저곳 옮겨
다녔다. 그것이 "제게 늘 필요했고, 여전히 필요한
것"이지요. 대미언은 말한다.

뿌리를 내리지 못하고 돌아다니던 어린 시절의 어느
시기, 대미언의 옆집에는 예술가이자 몽상가가 살았다.
이 이웃은 그에게 좋은 친구이자 스승이 되었다. 노동
계급인 그에게 그림을 그리도록, 자연에 대한 열정을
잃지 않도록, 창조적인 사람이 되도록 영감을 주었다.
하지만 대미언의 창조성과 새에 대한 사랑이 비로소 한데
어우러진 것은 그가 브라이튼에서 공부하고 일할 때였다.

대미언이 레나를 만난 것도 브라이튼에서였다. 레나는
실내 건축을 공부하는 방문 학생이었는데, '전형적인
바이킹답게' 그를 데리고 고국 노르웨이로
달아났다.("솔직히, 꽤 잘 풀렸죠." 대미언은 장담한다.)

2011년, 레나와 함께 오슬로로 간 대미언은 그곳에서
탐험할 만한 새로운 숲을 발견했다. 레나 가족은 오슬로
북쪽으로 한 시간 거리에 있는 하델란드에 수천 에이커의
소나무 숲에 둘러싸인 농장을 소유하고 있었다. 예전에는
감자와 보리를 키우고, 모피를 얻기 위해 여우들을
사육하기도 했다. 바로 이곳에서 대미언은 그와 짐이
여러 해 전부터 꿈꾸었던 오두막을 위한 자리를
발견했다.

레나는 대미언이 "주말마다 장난꾸러기 어린아이처럼
숲으로 사라지게" 기꺼이 내버려 두었다. 두 사람이
영국을 떠날 때 대미언은 레나에게 이런 제안을 했다고
한다. "내가 나라와 가족과 친구를 두고 떠난다면 숲에
거대한 새집을 짓게 해 줘." 그 일을 회상하며 그는 농담을
했다. "더 공평한 제안이 있을 수 있을까요?"

그가 오래도록 상상해 온 새집을 짓는 데는 18개월이
걸렸다. 그동안 짐은 몇 주 동안 노르웨이를 찾아와
여기저기를 둘러보았다. 하지만 햇빛이 저녁 늦도록 남아
있는 노르웨이의 긴 여름밤 동안 숲에서 일을 한 사람은
주로 대미언이었다. 레나의 의붓아버지 한스는 오래된
포드 트랙터로 무거운 물건들을 운반하는 일을 도왔다.
레나도 할 수 있을 때마다 거들었다.

가공하지 않은 노르웨이 전나무로 벽과 바닥, 그리고 서향 창을 만들었다.
왼쪽에는 간이침대가 있다.

새집을 창조해 낸 대미언 메이너드와 짐 윌슨이 버드 박스 아래에서 그늘을 즐기고 있다.

(좌) 재활용 목재와 오래된 와인 박스들로 부엌을 만들었다.

(우) 스웨덴 군용 난로에 트럭 배기관을 연통으로 달아 재활용했다.

대미언은 원래 나무 위에 집을 짓기를 꿈꿨지만, 설계와 공학의 한계가 있었다. 대신 '언제나 그 자리에 있을' 수천 년 된 화강암 기반을 찾았다. 화강암에 네 개의 고정점을 잡고 집성목과 강철로 만든 오두막의 네 다리를 바위에 고정했다. 울퉁불퉁한 돌 위에 기초를 평평하게 놓는 것이 가장 어렵고도 중요한 도전이었다.

"첫 단추를 제대로 끼우는 것이 중요했지요." 대미언은 말한다.

동시에 대미언은 환경에 최소한의 영향만 미치려고 애썼다. 다행히 300년 된 농장에는 용도를 바꿔 재사용할 자재가 여기저기에 많았다. 새집의 몸체는 전형적인 자재인 합판과 노르웨이 가문비나무 외벽과 암면 단열재를 썼지만, 내부는 주로 재활용한 물건과 소품에 의지했다. 빈티지 스웨덴 군용 난로에 트럭 배기관을 연통으로 달았고 오슬로의 가르데르모엔 공항에서 주워 온 포도주 나무 상자들을 선반과 찬장으로 재활용했다.

(좌상) 앞쪽은 다락으로 올라가는 사다리, 왼쪽은 장작 난로.

(좌하) 새집의 아래 데크는 여름에는 밖에서 자는 공간으로 쓰인다.

(우) 동쪽 숲을 유리창으로 바라볼 수 있는 다락 침실.

바닥재로는 허물어진 농가에서 나온 소나무 널빤지와
판자를 썼다. 오래된 유리창을 재사용했고, 감자
선별기의 낡은 강철 상판을 나무 그루터기에 고정해
의자를 만들었다. 외벽처럼 재활용 자재로 짓지 못하는
부분에는 지역에서 나오는 재료를 썼다.

그러나 노르웨이의 먼 북쪽 지방에 오두막을 짓는
일은 나름의 어려움이 있었다. 대미언은 기온이 영하
밑으로 한참 떨어지기도 하는 두 번의 노르웨이 겨울
내내 야외에서 작업을 했다. "영하 25도에는 얼어붙은
사다리 가로대에 온기 있는 축축한 손을 올려놓지 않는
게 좋아요. 금방 배우게 될 겁니다."

땅에서 23피트 높이에 있는 55도 각도로 경사진
지붕에 주름진 함석판을 고정하는 일은 또 다른, 아니,
더 예상치 못한 도전이었다. 노르웨이는 여름이

무덥다고 알려진 나라는 아니지만, 대미언이 함석지붕
작업에 매달려 있던 해는 기록상 노르웨이에서 가장
더웠던 여름이었다. "함석판에서 반사되는 빛 때문에
앞이 보이지 않는 것도 문제였지만, 반바지를 입고
함석판에 걸터앉는 것도 문제였지요."

이런저런 시행착오 끝에 결국 새집을 완성하고 나자,
나름의 보람이 있었다. 대미언은 특히 새집의 둥근
유리창을 사랑한다. 이 둥근 유리창의 바깥 가장자리가
외벽과 수평이 되도록 특별히 신경 써서 디자인했다.
"마치 세탁기처럼 말이지요."그가 즐거워하며 말한다.

(좌) 2014년 겨울, 2월에 새집의 주요
뼈대가 올라갔다.

(우) 이웃집과 아래쪽 피오르드가
내다보이는 창.

그럼에도 개선의 여지는 많다. "아마 몇 년간 이곳저곳을 고치고 있을 겁니다. 이 오두막의 거의 모든 것들이 평균 세 번쯤 다시 만들어졌어요." 그러나 대미언에게는 그런 과정이 모두 즐겁다. "집을 짓는 동안 배운 게 있습니다. 바로 인내지요."

"생각하고, 곰곰이 생각하고, 해결하라." 이렇게 말한 뒤 그는 다시 덧붙인다. "다시 곰곰이 생각하고, 어쩌면 또 다시 곰곰이 생각하고, '그 뒤에' 만들어라."

그는 평화로운 밤 시간에 오두막에 찾아가길 좋아한다. 손전등을 들고 계단을 올라가 양초와 랜턴을 켜고 장작 난로에 불을 지핀다. "가끔은 그냥 밖으로 나가서 언제나 그곳에 있는 하늘을 올려다보며 별들에게 고마움을 전하죠."

대미언의 새집은 그가 늘 머무는 장소는 아니다.

그러나 이동하는 철새를 위한 버드 박스처럼 그가 제2의 조국에 정착한 느낌을 갖도록 도왔다.

친환경 나무집
호주 그레이트웨스턴

Contributed by ARKit

이 조립식 나무집은 호주
빅토리아주 그램피언스 국립공원
근처의 20에이커 면적의 숲 지대에
자리 잡고 있다. 생활 공간과 실외
데크, 사우나가 있다.

이 집을 설계한 'ARKit'는 환경
발자국을 최소한으로 유지하려고
애썼다. 빗물을 모아서 쓰고
주변에서 구한 장작으로 난방을
한다.

그림 같은 집
미국 뉴욕주 캘리쿤

Contributed by 카시아, 매트 머피
Photo by 피터 크로스비

뉴욕주 캘리쿤의 14.5에이커 부지에
자리한 이 집은 1998년 손으로 깎은
목재와 가공이 덜 된 소나무로
지어졌다. 2016년 브루클린에서
온 패션 디자이너와 영화 제작자
부부인 카시아와 매트 머피가 이
집을 구입해서 보수 작업을 시작했다.
부부는 동네 목수의 도움으로 벽을
허물고, 남은 벽들을 사포로 닦고
백색 도료를 칠했으며, 공방을 침실로
탈바꿈시키고, 바닥에 유약을 바르는
등 여러 작업을 했다.

매트는 조경을 책임졌다. 새 오솔길을
트고, 돌을 깔고, 부지에서 가장
큰 나무들인 오래된 물푸레나무와
버드나무를 뒤덮은 덩굴과 관목을
다듬었다. 거대한 버드나무 가지에는
그녀가 매달려 흔들린다.

참나무 집
잉글랜드 데번

Contributed by 아웃 오브 더 밸리

잉글랜드 남서부에 자리한 259
평방피트의 참나무 집은 풍경에서
특별히 도드라지지 않는다. 통나무집
제작자인 루퍼트 맥켈비가 직접
디자인하고 지었다. 무게가 8톤인
이 통나무집은 다른 곳에서 조립된 뒤
트랙터로 운반되었다.
건조하지 않은 참나무로 만든 골조는
천천히 마르고, 시간이 지날수록 색이
진해진다. 태양열 발전을 설치했고,
대류 난방식 장작 난로로 난방을 한다.

밤나무 집
터키 참리헴신

Contributed by 오즐렘 에롤
Photo by 야세민 타스킨

터키 흑해 지역에 자리한 484
평방피트의 이 통나무집은 전통
양식으로 지었다. 즉 밤나무
목재로만 지었다는 말이다.
주인 오즐렘 에롤은 2009년
참리헨신 마을에 있는 가족의
집을 개조하겠다는 생각으로
이스탄불에서 이곳으로 왔다.

몇몇 친척들이 계획을 허락하지
않자, 그녀는 플랜 B로 방향을
틀었다. 집을 처음부터 새로 짓는
것이었다.
그러나 밤나무 목재를 쓰는 건축은
긴긴 과정이다. 목재를 자른 다음
2년 동안 건조해야 하기 때문이다.
"요즘에는 아무도 그런 인내를
감내하려 하지 않아요. 그래서
집을 지을 건축자나 일꾼들을
찾기가 힘들었어요." 그녀는
말한다.
"무척 가부장적인 문화에서 여자가
남자들에게 무엇을 하라고 말하는
것이 대단히 큰 도전이었답니다."
그러나 에롤은 단념하지 않았고,
통나무집은 완성되었다. 그녀는
무척 행복했다.

퀘일 스프링스 흙집

미국 캘리포니아주 로스 파드레스 국유림

Contributed by 샤사 래빈, 존 올컷
EX Photo by 라이언 스폴딩
IN Photo by 애덤 바타글리아

생태 건축 강사인 샤샤 래빈과 존 올컷은 캘리포니아 남부 고지대 사막의 퀘일 스프링스 퍼머컬처 공동체에 있는 흙집에서 1년 내내 산다.

흙벽이 열을 저장하는 덕택에 얼어붙을 듯한 추운 날씨에도 지낼 만하다. 샤샤와 존은 벽난로 앞에서 하는 공예 활동만큼 좋은 것은 없다고 말한다. 부엌을 에워싼 창문은 패시브 태양열 난방을 제공하고 계곡의 웅장한 풍경을 선사한다. 한편 다락은 환기창들에 둘러싸여 있는데, 겨울에는 집에서 가장 따뜻하고, 여름에는 가장 시원한 장소다.

다양한 흙건축 기법으로 지어진 이 집은 점토와 모래를 비롯해 로스 파드레스 국유림에서 퀘일 스프링스 퍼머컬처 공동체가 책임감 있게 돌보는 450에이커의 땅에서 구한 재료로 만들어졌다. 샤샤와 존은 흙을 재료로 가르치고 짓는 일을 하면서 창조성과 환경 윤리, 공동체 사이에서 완벽한 균형을 이루기 위해 노력한다.

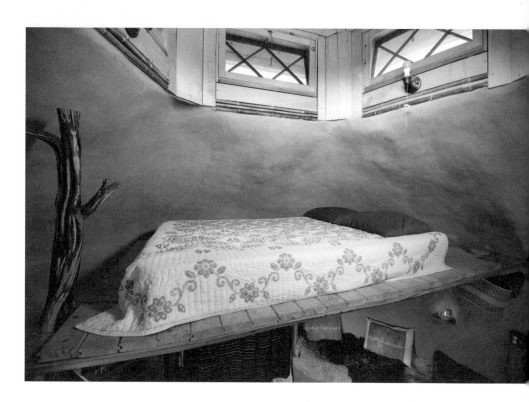

주상 가옥
헝가리 초롬필데

Contributed by 요셉 거리거, 오피스숍 하우스
Photo by 터머스 부이노브스키

헝가리 시골의 숲에 자리한 이 건물은
부다페스트의 설계 스튜디오 헬로 우드가
조직한 여름학교 프로그램의 일환으로
지어졌다. 이동할 수 있고, 거주할 수 있으며,
친환경으로 설계된 시설 가운데 하나다.

이 주상 가옥(기둥 위에 지어져 지면이나
수면 위에 떠 있는 집)은 예전에 짓다
중단된 건축 프로젝트 위에 지어졌다.
건축은 결코 끝나지 않는다는 건축 철학을
받아들인 학생 건축가들이 기존에 있던
건축물의 특성을 존중하는 동시에 자신들의
아이디어를 덧붙임으로써 건물의 역사에
경의를 표했다.

클럽 캐빈
헝가리 초롬필데

Contributed by 헬로 우드 인터내셔널
서머스쿨

헬로 우드의 또 다른 실험 건축인
이 A자형 집은 체코 양식의
산장에서 영감을 얻었다. 클럽
하우스로 설계된 이곳은 사교
활동을 염두에 둔 건축이므로
'고독한 은둔처'와는 거리가
멀다. 중부 유럽인들에게 친숙한
형태지만, 주변 풍경을 내다볼

수 있는 큰 창문을 달아 새롭게
개조했다. 크기에 맞춰 미리 제작된
나무판자로 지어진 이 집은 외부에
연결된 '슬리핑 박스'에서 여덟
사람이 잘 수 있다. 가장 큰 가운데
공간은 벽이나 문으로 분리되지
않은 공용 공간으로, 공적 공간과
사적 공간이 뒤섞이는 곳이다.

바다 위의 군도
Casa Tiny

Contributed by 클라우디오 소디
Photographs by 카밀라 코시오

아란사수 데 아리뇨는 멕시코시티의 에라두라에서
자라는 동안 건축가라고는 한 사람도 알지 못했다.
에라두라는 들쑥날쑥 뻗어 가는 어수선하고 아름다운
수도 멕시코시티, 변두리에 있는 중산층 동네였다.
그녀의 부모님은 모두 의사였고, 그녀 역시 과학 분야를
전공할 계획이었다. 하지만 대학에 지원할 무렵,
아란사수(아란사라고도 불린다.)는 계획된 경로를 갑자기
바꾸었다. 물리학을 전공하는 대신 '충동적으로'
라틴아메리카에서 가장 명망 높은 교육기관인
이베로아메리카나 대학 건축과에 지원했던 것이다. "저는
문학을 사랑했어요. 철학을 사랑했고, 예술을 사랑했죠"
아란사는 말한다. "제게 있는 창조적인 면을 키울
무언가가 필요하다는 생각이 문득 들었어요."

스스로를 완벽주의자라 부르는 아란사는 친구들을
만나지 못할 정도로 학교에서 공부에만 열중했다. 그러나
2014년 졸업을 하자, 여러 해 동안 만나지 못했던
사람들을 다시 만났다. 그 가운데 예술가이자 연극
제작자인 클라우디오 소디도 있었다.

클라우디오는 멕시코시티의 유명한 가문 태생이었다.
형은 세계적으로 알려진 현대 미술가 보스코 소디이고,
어머니는 유명한 텔레비전 드라마 연기자, 아버지는 박사
학위를 지닌 화학 공학자였다. 어린 시절, 클라우디오는
아버지와 함께 미술관을 방문하곤 했다.

콘크리트 작업은 지역 숙련공들의 솜씨다.

예술을 사랑한 그는 자신이 '어머니의 직속 승계자'라 느꼈다. 이런 매혹이 그를 고향에서 먼 바르셀로나로 가서 영화 제작을 공부하도록 이끌었다.

2014년 아란사와 클라우디오가 다시 만났을 때 클라우디오는 해외에서 4년을 보낸 뒤 멕시코로 돌아와 2000만 명이 사는 매혹적인 거대 도시 멕시코시티에서 다시 적응하는 중이었다. 그의 형 보스코는 어렸을 때부터 방문하곤 했던 오악사카의 해변 도시 푸에르토 에스콘디도 외곽에 재단 건물을 짓고 있었다.

흥분되는 시간이었다. 보스코의 예술재단 카사 와비는 프리츠커상을 받은 일본 건축가 안도 다다오에게 재단의 중추적 건물을 설계해 달라고 요청했던 것이다. 다른 저명한 건축가들이 닭장과 점토 공방, 온실, 퇴비화 시설을 비롯해 아름답지만 필수적 기능을 하는 구조물을 설계했다. (카사 와비는 덧없는

것과 불완전한 것의 수용을 중시하는 철학인 '와비-사비(wabi-sabi)'에서 이름을 빌려 왔다고 재단은 밝힌다.) 클라우디오는 근처의 개발되지 않은 정글에 작은 땅을 샀다.

이 무렵 클라우디오는 헨리 데이비드 소로의 『월든』을 읽고 있었다. 책에서 말하는 단순한 삶에 대한 철학이 마음에 들었고, 그에 감화되어 그 역시 자기만의 작은 집을 꿈꾸기 시작했다. '삶에서 다른 리듬을 느낄 수 있고, 휴식하고 다시 집중할 장소'를 창조하고 싶었다.

클라우디오는 『월든』을 읽고 소로의 이상과 사랑에 빠지는 한편 아란사와도 사랑에 빠졌다. 클라우디오가 오악사카 땅에 작은 집을 짓기로 결정했을 때 당연히 그는 재능 있는 젊은 건축가 아란사에게 설계를 부탁했다.

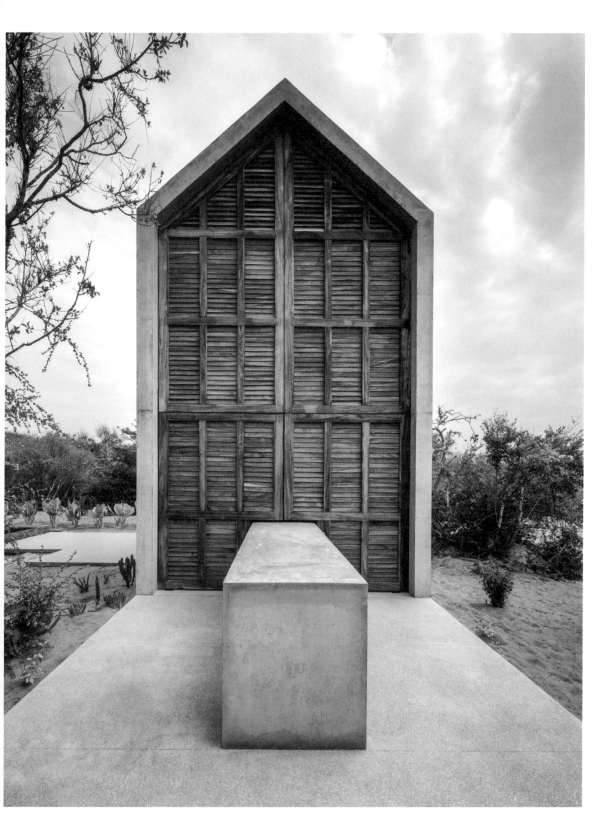

'카사 타이니'는 코팔나무들과 열대 건조림 속에 있다. 수영장과 테라스를 갖춘 이 집은 초록 바다에 떠 있는 군도처럼 보인다.

(우) 실내와 실외의 삶을 연결하는 긴 탁자가 있어 친구들과 함께 요리를 하고, 식사를 하며 즐거운 시간을 누릴 수 있다.

(좌) 은둔하기 위한 곳이 아니다. 풍경을 향해 문이 활짝 열려 있어 바깥으로 나가고 싶게 만들어졌다.

　아란사는 그때 스물다섯 살밖에 되지 않았다. 멕시코시티의 건축회사에서 근무하며 건축 현장에서도 일한 적이 있었지만, 클라우디오의 집은 그녀가 계획부터 완공까지 감독한 첫 번째 프로젝트였다.

　아란사는 자신의 프로젝트에 제약을 두기로 했다. "절대적인 자유가 있을 때는 백지에 대한 두려움이 생기곤 합니다." 아란사는 수수한 크기와 재료로 집을 짓기로 결정했다. 집은 딱 두 가지로 지었다. 콘크리트와 지역의 나무인 '파로타.' 아란사와 클라우디오는 오두막에 '카사 타이니(작은 집)'라는 이름을 붙였다.

　카사 타이니의 설계는 '일상에서 탈출하여 느린 삶을 보장할 수 있는 공간'을 갖고 싶은 클라우디오의 바람에서 출발했다. 작은 크기는 현실적인 해결책이었다. 클라우디오와 아란사는 젊은 커플이었고 둘 다 자영업자였다. 쓸 수 있는 예산이 많지 않았다. (클라우디오는 건축비가 4만 달러쯤 들었다고 추정한다.)

집을 짓는 데 여덟 달이 걸렸다. 아란사는 오악사카와 멕시코시티를 오가며 일꾼들을 감독했다. 일꾼들 중에는 카사 와비 프로젝트에서도 일했던 숙련된 석공 호세도 있었다. 아란사가 건축 재료로 콘크리트를 선택한 가장 큰 이유는 지역 일꾼들이 정밀성이 필요한 일에 숙련돼 있기 때문이었다. 그들의 전문 기술은 그 어떤 자재만큼이나 의미 있는 지역 자원이었다. 그러나 여성으로서, 그것도 젊은 여성이자 외지인으로서 건설 프로젝트를 감독하기란 여간 힘든 일이 아니었다. "외딴곳에서 스무 명의 남자들에게 둘러싸여 제 의견을 말하고, 제가 원하는 방식으로 일을 진행하려고 고군분투하는 나날을 보냈죠."

가끔 일이 제대로 되지 않을 때도 있었다. "계속 요구해야 했어요." 그녀의 요구가 늘 환영받았던 것은 아니다. 동시에 아란사는 자신이 "그들의 경험으로부터 배웠고, 그들이 일에 능숙하다는 것을 이해하게 되었다." 서로 신뢰를 쌓아 가는 과정이었다.

클라우디오와 아란사는 집을 지으면서 더 가까워졌다. 아란사는 건축은 '일종의 대화'라고 믿는다. 따라서 클라우디오를 위해 집을 설계하는 일은 그의 '생활 방식과 철학'에 대해 깊이 생각하는 일이기도 했다. "누군가를 위해 집을 설계하는 일은 그 사람을 위해 맞춤 정장을 디자인하는 일과 거의 비슷합니다. 무척 친밀해지지요."

오악사카 해변을 향해 열린 창이 있는 방에서 잠을 깨는 일만큼 좋은 일은 없다.

(좌) 건축가 아란사 데 아리뇨와
소유주 클라우디오 소디는 소박한
삶에 대한 꿈을 실현하면서 서로를
발견했다.

(우) 깔끔한 선과 콘크리트 특유의
시원한 공기는 있지만,
거울은 없다.

카사 타이니의 실내는 장식이 거의 없다. 휴대폰
텔레비전 신호나 와이파이도 잡히지 않는다. 콘크리트가
이 집의 핵심이므로 가구도 거의 없다. 계단도 테라스도
식탁도 전부 콘크리트다. 내부를 장식하는 물건은 몇 개
되지 않는다. 그중에는 클라우디오와 아란사가 수집한
『월든』의 스페인어판, 영어판, 중국어판, 일본어판이 있다.
마치 이 집의 주요 목적은 사람을 바깥으로 끌어내는 것인
듯하다. "아란사는 공간을 매우 재치 있게 다루었습니다."
클라우디오는 말한다.

아란사는 다시 학교로 돌아가 하버드 대학에서 도시
계획과 설계학을 복수 전공하고 있다. 그녀는 이제 3학년
과정에 있다. 그녀가 멕시코로 돌아올 때면 클라우디오와
함께 카사 타이니에서 가능한 한 많은 시간을 보낸다.

아란사는 클라우디오를 위해 집을 설계했지만, 이제 그 집은 그녀의 것이기도 하다. 그녀는 카사 타이니에 사람이 거주하는 모습을 지켜보며 진화하는 집의 일부가 수 있었다. 집을 설계할 때 아란사는 이 건물을 일종의 군도로, 초목의 바다에 떠 있는 작은 섬으로 생각했다. 건기가 오면 무성한 정글은 초록색을 잃고 '노란 점들이 점점이 박힌 예술적인 풍경'이 된다. 그리고 우기에는 '그 모든 것이 저절로 활기를 띠는 모습'을 볼 수 있다. "이 지역이 얼마나 비옥한지 믿기지 않을 정도예요." 아란사는 말한다.

아란사와 클라우디오가 함께하는 삶이 이어지면서 그들의 군도도 함께 진화한다. 그들은 집에서 가까운 곳에 요가를 위한 테라스를 하나 더 지었다. 초목들 틈에 피자를 굽는 오븐도 만들었다. 정글의 나무들이 오두막을 침범하자, 해먹을 걸 수 있는 자연 그늘이 만들어졌다. 그들은 카사 타이니의 콘크리트 테이블에 친구와 가족들을 초대했다.

카사 타이니는 두 사람을 위한 안식처로 설계되었다. 하지만 고립된 별장이 아닌 모임 장소가 되기도 한다. 아란사는 이곳을 "물건을 위한 공간이 아니라 경험을 위한 공간"이라고 강조한다. "저희는 '소브레메사'를 사랑해요." 소브레메사는 식후에 사람들이 앉아 대화하고 음료를 마시며 디저트를 즐기는 시간을 뜻한다. "무척이나 멕시코적인 문화죠." 아란사는 카사 타이니의 테이블에서 요리와 일, 유희와 식사가 서로 밀접히 연결된다고 말한다. "이 집을 탄생시킨 생각과 목적은 무척 영향력이 강합니다." 클라우디오는 말한다. "당신을 움직여 지금까지와는 완전히 다른 방식으로 삶과 자연을 즐기도록 만들지요."

울창하고 무성한 정글 때문에 카사 타이니에서는 바다가 보이지 않는다. 하지만 외딴 이곳에서도 파도 소리는 들린다.

캐비닛

바하마 엘류세라

Contributed by 브릴하트 건축

멜리사와 제이크 브릴하트는
가로 14피트, 세로 22피트, 높이
30피트짜리 별채를 집 뒷마당에
지었다. 그러고 나서 해체한 뒤
40야드 컨테이너에 납작하게
포장한 다음 화물선으로
바하마까지 운송했다. 부부는
엘류세라섬에 가서 이 집을
직접 재조립했다. 기초부터 주방
수납장과 가구를 비롯한 덧문까지
모든 것을 손수 만들었다.

부부는 현대적이면서도 지역의
경관과 어울리는 친숙한 집을
원했다. 그래서 지역의 건축

양식을 빌려 왔다. 가까운
하버섬의 박공집과 크레올 양식의
캐비닛 로지아를 참고했다. 캐비닛
로지아는 각 면마다 방, 곧 '캐비닛'
이 달린 개방된 공간을 말한다.

삼면에 칸막이벽을 두른 아래층은
'로지아'이자 생활 공간이다.
창밖으로 바다포도와 소나무가
보이고 그 너머로 대서양이 보인다.
위층은 잠을 자는 공간으로,
침대 위 천창을 통해 밤하늘을
볼 수 있다. 침대 눈높이에 있는
작은 전망창으로 환기를 할 수
있고 낮에는 푸른 수평선을 볼 수

있다. 집의 주요 자재인 적삼목과
삼나무판은 풍경과 조화를
이룬다.
여닫을 수 있는 덧문은 가벼운
섬유 유리와 폼단열판으로
만들어서 도르래를 사용해 여닫을
수 있다. 문이 열렸을 때는 그늘을
제공하고, 실내에 비가 들어오지
못하게 막아 주며, 지붕이
덮인 실외 테라스 문을 닫으면
날씨로부터 집을 보호해 준다.

바닷가의 서핑 캠프
바하마 엘류세라

Contributed by 브릴하트 건축
Photo by 마크 잉그램

이 작은 은신처는 케이트와
마크 잉그램 가족을 위해
설계되었다.

케이프코드의 실험적인 해치
하우스(Hatch House, 미국의
건축가 잭 홀이 1960년 설계한
실험적인 건축)에 영감을 얻은
이 집은 적삼목과 이엉으로
건축되었다. 풍경 속으로, 바다
경관으로 녹아들어 가는 듯한
실외 데크가 있고, 바닷바람과
물보라를 맞지 않으면서 자연을
즐길 수 있는 긴 포치가 있다.

탤리스턴 주택

잉글랜드 그레이트 던모우

Contributed by 존 트레빌리언
Photo by 캐빈 콘랜 포토그래피

탤리스턴 주택에 있는, 테마가 있는
13개의 공간 가운데 하나다. 탤리스턴
주택은 잉글랜드 에섹스의 평범한
독립형 주택이었다. 홈페이지 소개에
따르면, 이제는 다양한 시대와
장소에 맞춤한 미로로 탈바꿈하여
원래 주택은 단 1평방센티미터도
남지 않고 변화했다. 사진 속
오두막은 사냥터에 온 기분이
들도록 만들어졌다.

국경의 집
터키 에디르네

**Contributed by SO? 아키텍쳐 / 세빈체 바이락,
오랄 괵타쉬**

터키와 그리스의 국경에 자리한 이
집에서는 계절에 따라 크게 달라지는
날씨를 접할 수 있다. 폴리카보네이트
창문은 차양처럼 들어 올릴 수 있고,
합판으로 만든 건물 정면은 테라스로
변신할 수 있다. 비오는 따뜻한 오후에는
차양처럼 들어올린 창문 아래 누워
하늘을 바라볼 수도 있다. 폭풍이
몰아치는 밤에 창문을 닫고 나면 단열된
집성목으로 지은 이 집은 마치 바다
위에 떠 있는 돛단배 같다. 오프그리드
오두막이므로 이런 변신은 수동으로
이루어진다.

워커와 포프의 오두막

미국 워싱턴주 오커스섬

Contributed by 고든 워커
Photo by 앤드루 반 루윈

이 철골조 건물은 워싱턴주 산후안
제도에 있다. 2006년 데이비드
쇼어 건축회사가 소유주 가운데 한
사람인 고든 워커와 함께 이곳까지
운반된 조립식 부품들로 지었다.
실외 테라스와 복사 난방이 설치된

콘크리트 바닥, 단순한 경사 지붕,
다양한 생활 공간 등이 있다.

시골 작업실

잉글랜드 버처커먼

Contributed by 데이비드 코너
Photo by 짐 스티븐슨
Above 데이비드 코너

몇 백 년 묵은 허물어져 가는 시골집
위에 크로프트 로지 스튜디오를
지었다. 썩은 목재와 부서지는
벽돌만이 아니라, 죽은 담쟁이와
오래된 새 둥지, 거미집, 먼지까지도
그대로 보존되었다.

건축자들은 철골조에 목재와 합판,
방수막, 검정색 골함석을 사용하여
허물어져 가는 구조물 위에 현대적인
껍질을 씌웠다. 전기는 태양열
전지판으로, 난방은 장작 난로 두
대로 공급한다. 여름에는 골함석판
밑에 설치된 글리콜(부동액에 쓰이는
전도성 유기 화합물)이 든 파이프가
뜨거워져 온수 장치 역할을 한다.

랜드 하우스
캐나다 온타리오주 미포드

Contributed by 브라이언 오브라이언
Photo by 샤이 길

구불구불한 협곡과 습지 옆에
자리한 이 집은 미국 남부에서 흔히
볼 수 있는 전통적인 박공지붕을
덮은 독트롯(dogtrot, 지붕과
기둥만 있는 개방된 통로 공간인
브리즈웨이를 중심으로 양쪽으로
폐쇄된 생활 공간이 있는 집)
양식에서 따왔다. 파형 강판
지붕을 덮었고 미가공 은촉이음
삼나무 널빤지로 외벽을 만들었다.
한쪽에는 잠자는 공간이, 다른
쪽에는 생활 공간이 있다. 가운데
있는 16평방피트의 브리즈웨이는
실외 거실로 쓰인다.

서핑의 집

호주 태즈메이니아

Contributed by 닉 제프와 새러 글로버

닉은 2006년부터 2009년까지
26피트 보트를 타고 대서양과
태평양을 홀로 항해했다. 예전에
창고로 쓰던 선적 컨테이너가
딸린 땅을 태즈메이니아에 구입한
뒤 기중기 운전사를 고용해 지금
위치로 컨테이너를 옮겼다. 재활용
자재들과 합판을 사용하고 연마와
용접에 많은 시간을 쏟아부으며
컨테이너를 서핑 오두막으로

만들었다.
혼자서 바다를 수천 마일 항해했던
그는 종종 밤에 별을 바라보며 이
선적 컨테이너가 그동안 얼마나
많은 폭풍을 견뎠을까 궁금해한다.

산불 감시탑
Fire Lookout

Contributed by 크리스티 메이 울프
Photographs by 마이크 샌더스, 매티어스 바커, 로버트 갈로우

크리스티 메이 울프는 자신의 첫 집을 짓기 전, 거의 1년 동안 아이다호의 바퀴 달린 대형 감자 트럭을 몰고 미국 곳곳을 돌아다녔다. 아이다호의 '감자 홍보대사'로서 사람들을 인터뷰했고, 감자 행사를 주최했으며, 고향 특산물을 홍보했다. 그런데 이 경력은 크리스티의 이력에서 그리 특별한 축에 속하지 않을 만큼 그녀의 삶은 다채롭다.

고등학생 시절, 크리스티는 사업가가 되고 싶었다. 그녀는 경영대학에 가는 대신 학교를 중퇴했다. "열여섯 살 때 제 생각은 이랬어요. 직장을 구하려면 대학에 가야 하고 대학에 가려면 고등학교를 다녀야 하지만 나는 사업을 할 건데 지금 바로 시작하면 안 될까?" 그녀는 말한다. "완벽한 논리는 아니었지만 제게는 잘 맞았죠."

아버지가 선생님이고 어머니는 전업주부인 크리스티는 6남매 중 넷째였다. 집에 돈이나 공간이 충분했던 적이 한 번도 없었다. 크리스티 가족은 허름한 집에 살았는데, 아이들이 학교에 가 있는 동안 어머니는 벽을 뜯어내고 타일을 붙이고 보도를 깔았다.

"엄마는 가만히 있지 못하는 편이었고, 그런 일이 일종의 구원이 되었죠."

크리스티는 어머니의 기질을 물려받았다.

손님들이 불을 지켜볼 수 있도록 조망창이 설치된 장작 난로. 탑에 있던 장작 난로는 이제 사우나에서 쓴다.

(좌) 문과 난로는 원래 구석에 있었지만
가운데로 옮기는 것이 시각적으로
더 균형 있을 거라고 크리스티는
생각했다.

(우) 침실용 탁자에는 신중하게 고른
물건들이 놓여 있다. 아이다호 저자가
쓴 책들과 많지 않은 게임, 머무는 동안
손님들이 날씨를 기록할 일지가 있다.
이 산불 감시탑은 오프그리드이기
때문에 오두막 귀퉁이에 태양광 등을
달았고, 개성 있는 골동품인 에나멜
전등갓을 씌웠다.

인터넷 이전 시대에는 야심 찬 주택 개조 작업이
고통스러운 시행착오로 가득한 일이었다. 그 시절에도
크리스티의 부모는 그녀가 '그들의 집에 터무니없는
일들을 하도록' 놔 두었다. "흥미는 있었지만, 재능은
없었다."라고 그녀는 기억한다.

새로운 일에 기꺼이 달려드는 크리스티의 적극성은
인생을 즉흥과 실험의 세계로 인도했다. 수많은 군중
앞에서 연설하기도 하고, 성조기 무늬 비키니를 입고
오프그리드 급수 장치를 고치는 영상을 유튜브에
올리기도 했다. 또는 97평방피트 면적의 집을 짓기로
결심했다.

요즘처럼 아마존 사이트에서 작은 집짓기 세트를 살
수 있는 시대에는 자기 집을 짓는 경험이 그리 대단한
일이 아닌 것처럼 보일지도 모른다. 그러나 크리스티가

집을 지을 때는 2011년이었다. 작은 집짓기가 '근사한
일'이 되기 전이었다는 말이다. 그녀의 집은
의도적으로 단순했다. 공사는 한 달 정도 걸렸다.
크리스티와 어머니는 밤과 주말에도 일을 했다. 전체
건축 비용은 자재를 구입하는 데 3,000달러, 운반을
위한 중고 트레일러 비용에 300달러가 들었다.
크리스티는 그곳에서 딱 1년 만 살 계획이었다. "하지만
그녀는 단순한 삶을 살 수밖에 없는 그 집을 사랑하게
되었다."고 말한다. "그래서 땅을 사서 그 집을 제
거주지로 만들기로 결정했죠."

크리스티는 아이다호주 보이시 외곽에 작은 땅을
사서 자신의 실험적인 집을 그곳으로 옮겼다. 그 무렵
그녀는 공장에서 일하며 시간당 12달러를 벌고 있었다.

화재 전망탑의 마룻대가 난로의 통풍구를 가로막고 있었는데,
연통 끝에 구부러진 통을 달아 문제를 해결했다.

그녀는 처음에는 감자 가공 공장, 그다음에는 양초
공장, 첫 집을 지을 때쯤에는 플라스틱 재활용
공장에서 일했다. 크리스티는 공장을 사랑한다. 하지만
공장의 저임금 노동으로는 10대 시절에 꿈꾸던 더 큰
사업을 추진할 만한 돈을 모을 수 없었다.

저비용의 작은 집 덕택에 크리스티는 자신이 구입한
작은 땅의 계약금을 지불할 수 있었다. 몇 달 만에 땅을
구입하며 생긴 대출을 갚았다. 이런 성취와 더불어
그녀는 다음 프로젝트로 옮겨 갔다. 이번에는 하와이에
민박 숙소를 짓는 일이었다.

크리스티는 땅을 보지도 않고 크레이그리스트
사이트에서 8,000달러에 하와이 땅을 구입하는 큰
도박을 감행했다. 그녀가 절대 '추천하고 싶지 않은'
방법이다. 그 무렵 크리스티는 '아이다호 감자
위원회'에 막 채용된 상태여서 여덟 달 뒤에나 그 땅을
밟을 수 있었다. 드디어 어머니와 함께 빅아일랜드로
출발했을 때, 크리스티에게는 집을 짓기 위한 1만
5,000달러의 돈과 두 달의 시간이 있었다.

구입한 땅은 풀들이 마구 자라 있었고, 진창인 데다
여기저기에 버려진 차들이 있었다. 크리스티는 모험심
많은 커플이 자연에 틀어박힐 수 있는 열대 나무집을
짓기를 꿈꾸었지만, 정글에 도전할 준비는 되어 있지
않았다. 결국 건축 과정은 석 달 이상이 걸렸다. 비가
와서 늦춰졌고, 비용이 세 배가량 들어가기도 했다.
그러나 일단 완성되고 나자, 크리스티의 에어비앤비
숙소는 인기가 치솟았다. 지역에서 가장 인기 있는
민박 가운데 하나가 되었고, 몇 달 전에 이미 예약이 찰
때가 많았다.

프로젝트 하나를 완성할 때마다 크리스티는 또 다른
프로젝트를, 그리고 또 다른 프로젝트를 시작할 여유가
생겼다. 가장 최근에 지은 숙소는 고향 아이다호에
있다. "산불 감시탑은 원래 제가 꿈꾸던 건축 후보
목록에 있었어요." 크리스티는 말한다. 온라인 검색을
하다가 그녀는 감시탑 한 곳을 우연히 발견했다. 산불
감시탑은 미국 서부의 시골 지역에서 공원 관리인과
삼림 관리인, 소방관들이 산불을 감시하기 위해 쓰던
역사적인 구조물이다. 보이시 북쪽으로 여섯 시간
떨어진 시골 지역 펀우드의 그 산불 감시탑이 매물로
나와 있었고 크리스티는 새로운 가능성을 감지했다.

펀우드는 640여 명이 벌목을 주업으로 살아가는
소읍으로, 원주민 부족의 땅과 국유림에 둘러싸여
있었다. 감시탑은 6만 7,000달러로, 크리스티의 이전
프로젝트들에 비해 크게 뛴 가격이다. 크리스티는
구매할 준비가 되지 않았음에도 마치 그것이 운명처럼
느껴졌다.

스트레인저 룩아웃이라 불렸던 이 탑은 워싱턴주
체웰라에 있다가 아이다호 팬핸들 지역의 현 위치로
옮겨 왔다. 워싱턴 자연 자원국이 1949년 지은
구조물로 목골조 위 40피트 높이에 있다. 1983년
워싱턴 주정부는 이 탑 근처에 새로운 감시탑을
지으면서 이 감시탑을 매물로 내놓았다. 30일 안에
철거할 수 있는 사람에게 1달러에 판다고 했다. 이것을
데이브 크레섹이 샀다. 그는 산불 감시탑 박물관의
큐레이터이자, 태평양 연안 북서부 지역의 산불
감시탑에 대한 책을 두 권 쓴 레이 크레섹의
아들이었다.

데이브는 감시탑을 아이다호주 펀우드에 있는
7에이커 면적의 소유지까지 끌고 왔다. 그가 목재를
구하기 위해 사 두었던 땅이었다. 그는 가이거필드
군대 감옥이 정부 경매에 내놓은 금속 골조를 사서
감시탑의 오래된 목골조를 교체했다. 그러고 나서 탑
옆에 통나무집 별채와 장작 창고를 지었다.

2017년 크리스티가 구입하던 무렵, 탑은 여러 해
동안 거의 방치된 상태였다. 그래서 가을에
구매했지만, 개보수를 끝내기도 전에 탑은 눈에 갇히고
말았다. 봄이 되자, 크리스티와 어머니는 캡(cab)이라
불리는 오두막을 골조 위에 재설계하고 건축했다.
토대에 큰 데크를 만들었고, 기존에 있던 창고를
유럽풍 장작 사우나로 개조했다. 크리스티는 가파른
진입로로 손님들을 실어 오기 위해 1964년식 빈티지
설상차를 한 대 샀다.

지붕이 데크 너머로 길게 나와 있기 때문에 접근이 힘들었다. 크리스티는 난간에 서서 흔들리는 도르래 막대 위에서 균형을 잡으며 지붕 위로 올라가야만 했다.

(좌) 백컨트리 블렌드라 불리는
아이다호산 커피로 채워진 앤티크 커피
그라인더.

(우) 데크로 집 주위를 빙 둘렀다.
크리스티가 감시탑을 샀을 때 창문이 깨져
있는 것도 있었고, 공사 중에 손상된 것도
있어서, 3분의 1 정도를 교체했다.

크리스티는 이제 다시 '아이다호의 감자 시절'로 돌아왔다. 그녀에게는 운영 중인 숙소 세 곳 말고도 앞으로 짓고 싶은 숙소 목록이 10개나 더 있있다. 다음 차례는 빅 아이다호 포테이토 호텔이다. 한때 그녀가 몰고 전국을 돌아다녔던 6톤짜리 감자 트럭이 은퇴를 했던 것이다. 섬유 유리로 만든 더 가벼운 감자 트럭으로 교체되자, 아이다호 감자 위원회는 오래된 감자 트럭을 크리스티에게 기념으로 주었다.

크리스티는 이 감자 트럭을 보이시 외곽에 있는 그녀의 소유지에 두고 다음 민박 숙소로 만들 계획이다.

아이다호 팬핸들의 별이 빛나는 맑은 밤.

우물이 있는 집
그리스 레스보스

Contributed by 안드레아스 셸
Photo by 포티스 밀리오니스

그리스의 레스보스섬에 위치한
헤르미티지 시카미네아는
산비탈의 올리브 숲에 지어진
오프그리드 건물이다. 3층으로
이루어졌고, 장작 난로 하나와
태양광 전지판, 우물 하나를
갖추고 있다. 집에서 나온 오수는
거름으로도 쓰고 올리브나무와
허브밭에 뿌리기도 한다. 맑은
날이면 앞 유리창으로 터키까지
볼 수 있다.

쿠드바

잉글랜드 콘월

Contributed by 벤 허긴스
Photo by 로이 릴리

이 네 채의 민박집은 영국의
노스 콘월 해안의 오래된 점판암
채석장에 높이 솟아 있다.
건축가이자 창작자인 벤 허긴스가
설계했고, 선박 제작자에서 가구
제작자로 변신한 토비 샤프가
지었다. '쿠드바(콘월 지역의 말로
'비밀 은신처'를 뜻한다.)'는 주변
환경과 조화를 이루는 오프그리드
생활 속에서 콘월 특유의 경관을

즐길 수 있도록 지어졌다. 둥글게
깎은 소나무 기둥 위에 자리 잡은
이 집들은 단열 처리된 소나무
판자와 합성 고무 덮개, 얇게 켠
낙엽송 외벽으로 지어졌다. 내부는
자연 소재를 사용했고, 붙박이
수납장과 침실이 있는 중이층이
있다. 부지 안에는 매점과 화장실,
샤워실을 갖춘 임시 접수처가
있다.

캐빈 바

잉글랜드 콘월

Contributed by 루이스 미들튼
Photo by 조지 필딩

영국의 남서 해안에 자리한 이 건물은 오프그리드 바 겸 숙소로 창조되었다. 투숙객들은 긴 하루의 모험 끝에 숙소의 기발한 장치를 이용하며 술 한 잔과 더불어 휴식을 취할 수 있다. 접을 수 있는 벽을 위로 쓱 올리면 실외 공간이 실내로 이어진다. 아래로 내리면 아래층 침대칸에 있는 두 개의 싱글 소파베드를 아늑한 공간으로 만들어 준다. 네 개의 잠자리 공간을 제공하는 이층침대로 인해 투숙객들은 이층 침상을 누가 쓸지를 두고 즐겁게 옥신각신할 수 있다. 뉴브리티시 디자인 앤 쿠드바사가 설계했고, 덴마크 맥주회사 칼스버그의 협찬으로 제작되었다.

난쟁이 집
미국 워싱턴주 오카스섬

Contributed by 브룩 버드너와 에멧 에이덤
Photo by 몰리 디쿠드로

브룩 버드너와 에멧 에이덤은
2013년, 이 나무 골조 집을 지었다.
오카스섬에서 적절한 비용으로
주거 문제를 해결하기 위한
해법이었다. 그들은 2,000달러도
들이지 않고 주택 소유자가 되었다.
이 집은 이동식이기도 한데,
8.5×18피트 평상형 트레일러에
딱 들어간다. 여기저기서 주워 온
목재와 창, 금속 지붕으로 지었고,
못이나 나사, 합판, 석고보드는
쓰지 않았다. 뼈대는 나무못으로만
연결했다.

요새 위의 오두막

체코 공화국 브라티넌

Contributed by 얀 티르페클

Photo by 안토닌 마테요프스키

제2차 세계대전이 일어나기 전에 나치로부터 체코슬로바키아 국경을 지키기 위해 수천 개의 작은 요새를 지었다. 결코 사용된 적이 없지만, 이 요새들로 무엇을 할 것이냐에 대해서는 체코와 슬로바키아 사회에서 여전히 민감한 주제이다. 그래서 옛 콘크리트 벙커 위에 지은 이 실험적인 집은 쉽게 허물 수 있는 가벼운 목재로 설계되었다.

129평방피트밖에 되지 않는 집에는 두 개의 큰 유리창이 있는데, 하나는 동쪽의 오스트리아 국경을 향하고, 다른 하나는 근처 마을과 교회의 풍경을 향한다. 건축 원칙은 재료와 비용, 시간을 최소화하는 것이었다. 건물은 단순했다. 기부금이나 보조금으로 재정 지원을 받지 않고, 친구와 가족, 건축과 학생들의 후원으로 지었다. 묵고 싶은 사람이면 누구든 이용할 수 있다.

팝업 나무집

잉글랜드 루이스

Contributed by 스튜디오 하디
Photo by 리 심슨

잉글랜드 이스트 서섹스의
캠프장에 위치한 이 나무집은
네버랜드에 있음직해 보인다.
나무 몸통에 있는 입구로 들어가고
미끄럼틀이 1층과 2층을 연결한다.
잠자는 공간 가운데 하나는
화물용 그물망으로 만들었다.

나무 골조와 글루램(구조용
집성재) 샌드위치 플랫폼, 소나무
차양으로 구성된 이 건물은 임시
용도로 설계되어서 토대가 없다.
이는 제작사인 스튜디오 하디에
큰 도전을 안겨 주었다. 스튜디오
하디는 균형을 잡기 위해 큰
캔틸레버(한쪽 끝은 고정되고 다른
끝은 받쳐지지 않은 상태로 있는
보)를 만들어 문제를 해결했다. 이
나무집은 영국 텔레비전 프로그램
「조지 클라크의 어메이징
스페이스」의 의뢰로 설계되었다.

언덕 위의 집

스코틀랜드 애버딘셔

Contributed by 모슨 아키텍츠
Photo by 벤 애디

쿨라독의 나무집은 스코틀랜드 고지대 케언곰 산맥의 바람 부는 광활한 바위투성이 풍경 가운데 홀로 서 있다. 전체가 나무 외벽에 둘러싸여 있고, 크럭프레임 (자연적으로 휜 목재로 지붕을 떠받치는 골조 형태) 지붕은 헤더 (스코틀랜드 광야에 자생하는 야생화)와 이끼, 돌로 덮여 있다.

이 나무집은 스코틀랜드와 잉글랜드 북부에서 몇 백 년 동안 사용되던 농부들의 여름용 오두막(shieling)을 떠올리도록 만들어졌다. 창문들이 제각각 다른 크기와 방향으로 달린 것 같지만, 모두 자연 환경에 따라 신중하게 선택된 것이다. 적당한 양의 햇빛을 들여보내는 한편, 아늑한 느낌과

아름다운 풍경을 즐길 수 있도록 배치되었다. 창문들로는 게언강과 거대한 화강암 바위산, 벤 에이번 옆구리를 흘러내려가는 보나이흐 실개천이 보인다.

PHOTO POST-PRODUCTION
자크 비탈레

ILLUSTRATIONS
대런 라비노비치

COVER PHOTOGRAPHY
노아 칼리나

RESEARCH
제인 C. 후

Special Thanks
리차드 파인,
마이클 슈체르반

(좌) 비버 브룩의 땔감 전사들.
PHOTO BY 웨슬리 베르홉

(이전 쪽)
블랙록 산불 감시탑
앨버타주 고스트 리버 황야 지역.
PHOTO BY 켈리 브레담

옮긴이 | 강경이

영어교육과 비교문학을 공부했고 좋은 책을 발굴하고 소개하는 번역 공동체 모임
펍헙번역그룹 회원으로 활동하고 있다. 옮긴 책으로는 『육아는 방법이 아니라 삶의 방식입니다』,
『그들이 사는 마을』, 『과식의 심리학』, 『아테네의 변명』, 『지상의 모든 음식은 어디에서 오는가』,
『천천히 스미는』, 『오래된 빛』 등이 있다.

캐빈 폰 인사이드

1판 1쇄 펴냄 2020년 10월 6일
1판 2쇄 펴냄 2020년 11월 10일

지은이 | 자크 클라인
옮긴이 | 강경이
발행인 | 박근섭
책임편집 | 장미
펴낸곳 | 판미동

출판등록 | 2009. 10. 8(제2009-000273호)
주소 | 06027 서울 강남구 도산대로 1길 62 강남출판문화센터 5층
전화 | 영업부 515-2000 **편집부** 3446-8774 **팩시밀리** 515-2007
홈페이지 | www.panmidong.com

도서 파본 등의 이유로 반송이 필요할 경우에는 구매처에서 교환하시고
출판사 교환이 필요할 경우에는 아래 주소로 반송 사유를 적어 도서와 함께 보내주세요.
06027 서울 강남구 도산대로 1길 62 강남출판문화센터 6층 민음인 마케팅부

한국어판 ⓒ(주)민음인, 2020. Printed in Seoul, Korea
ISBN 979-11-5888-731-5 13540
ISBN 979-11-5888-738-4 14540 (set)

판미동은 민음사 출판 그룹의 브랜드입니다.